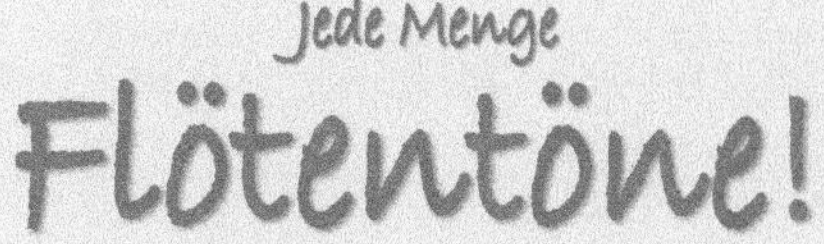

Barbara Ertl

Nette Duette

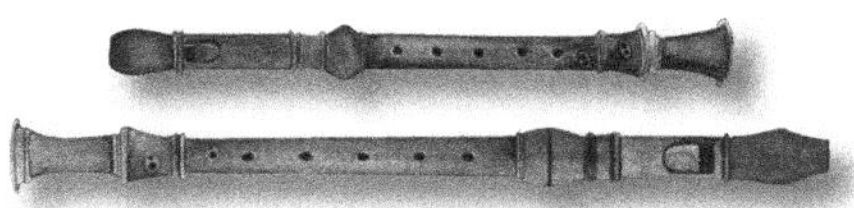

Spielstücke für Sopran- und Altblockflöte

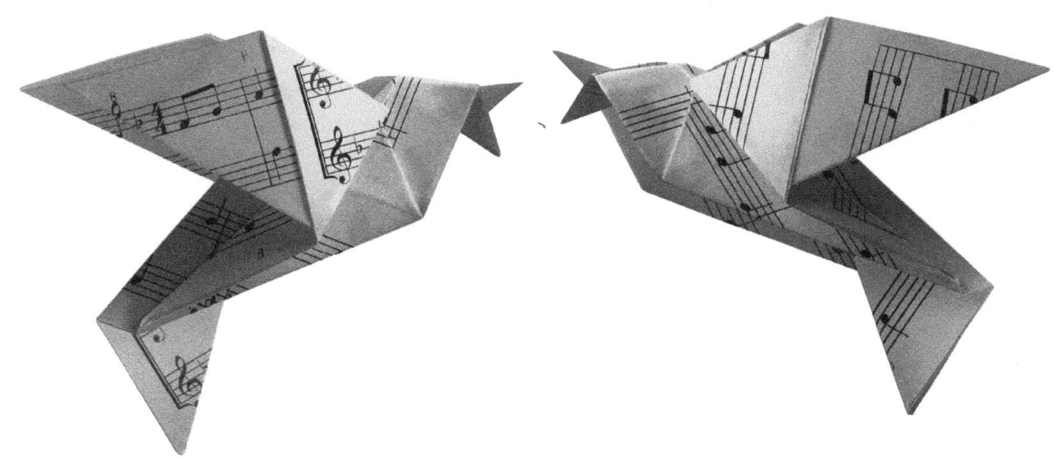

Liebe Flötenspielerinnen und -spieler,

die „Netten Duette“ für Sopran- und Altblockflöte bieten eine bunte Mischung aus Alter und Neuer Musik, von Branle und Menuett über irische Folklore bis zu eingängigen Eigenkompositionen.

Damit beim Erlernen der Altflöte von Anfang an zusammen mit der Sopranflöte musiziert werden kann, ist die Altflötenstimme bei den ersten Stücken auf nur wenige Töne beschränkt. Dieser kleine Tonumfang wird sukzessive erweitert. Die Reihenfolge der Toneinführung orientiert sich dabei an der Altflötenschule „Jede Menge Flötentöne“, Band 1.

Die Melodiestimme, die mit der Sopranflöte gespielt wird, ist von Beginn an anspruchsvoller und in einem größeren Tonumfang angelegt.

Doch nun: Umblättern, Flöte in die Hand und los geht's!

Viel Vergnügen dabei wünscht
Barbara Ertl

Impressum

VHR 3635 / ISMN 979-0-2013-0872-2 / ISBN 978-3-86434-026-0

Notensatz: Regina Krauß, Speyer
Umschlag: Gerhard Illig Kommunikation GmbH, Erlangen

www.holzschuh-verlag.de

Inhalt

Jakob schläft noch

Barbara Ertl
(nach: Bruder Jakob)

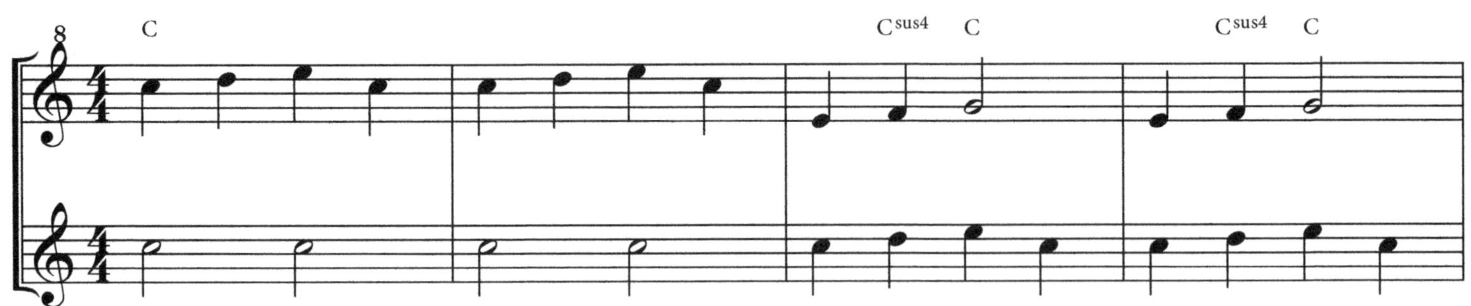

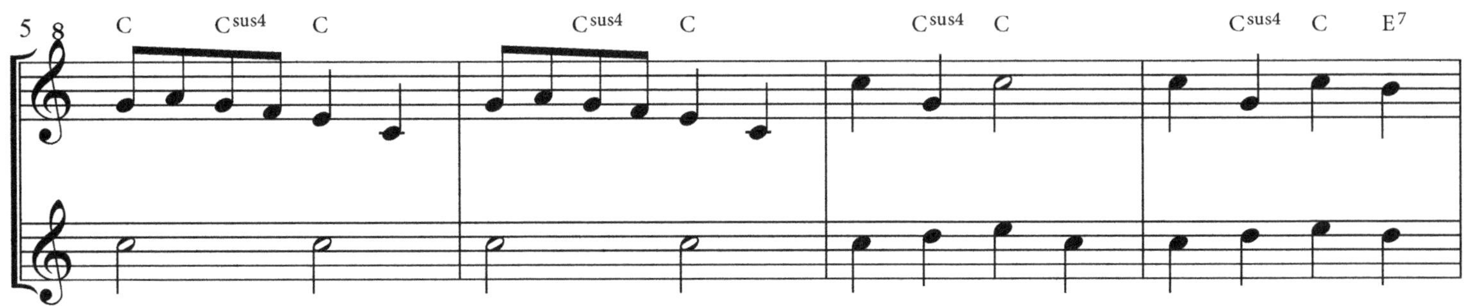

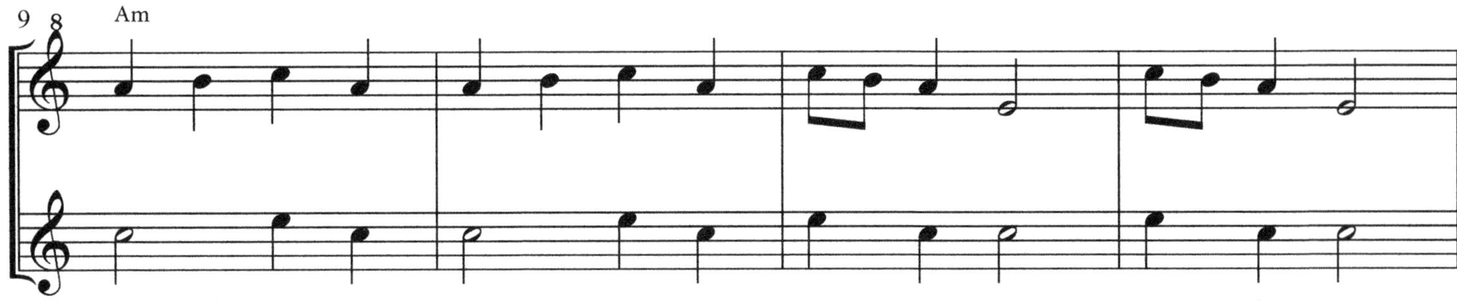

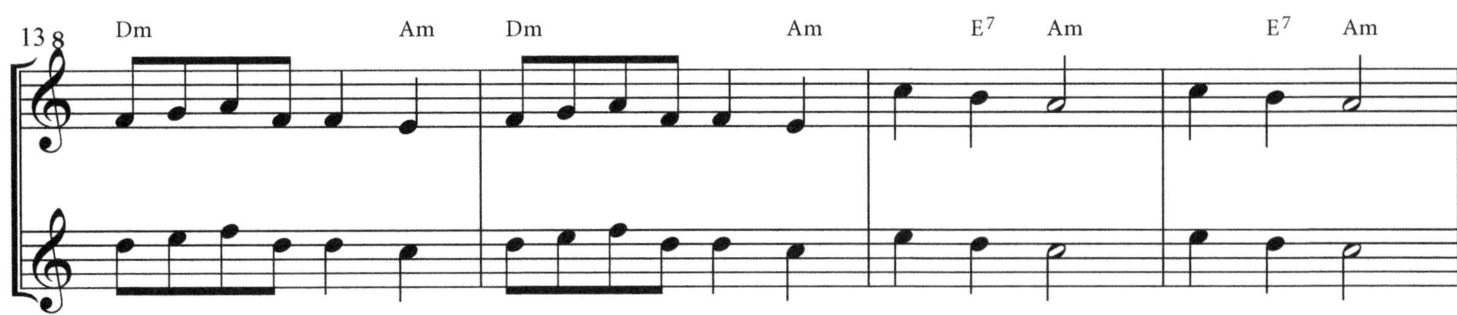

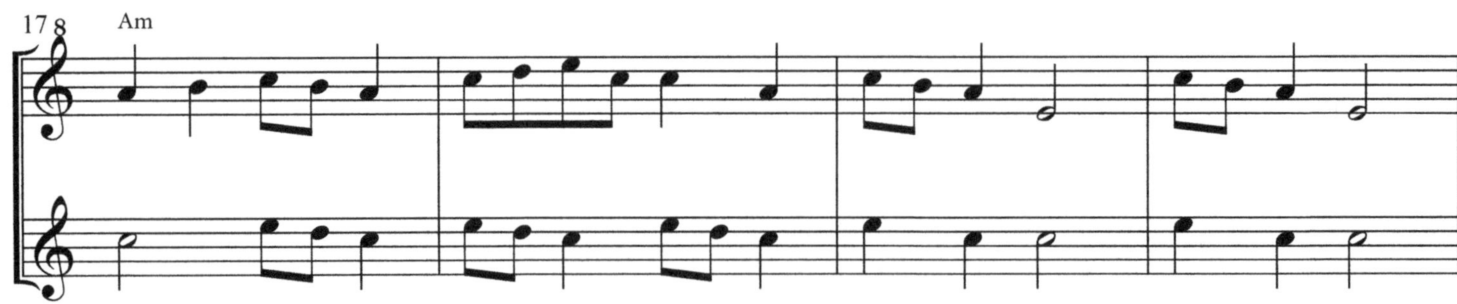

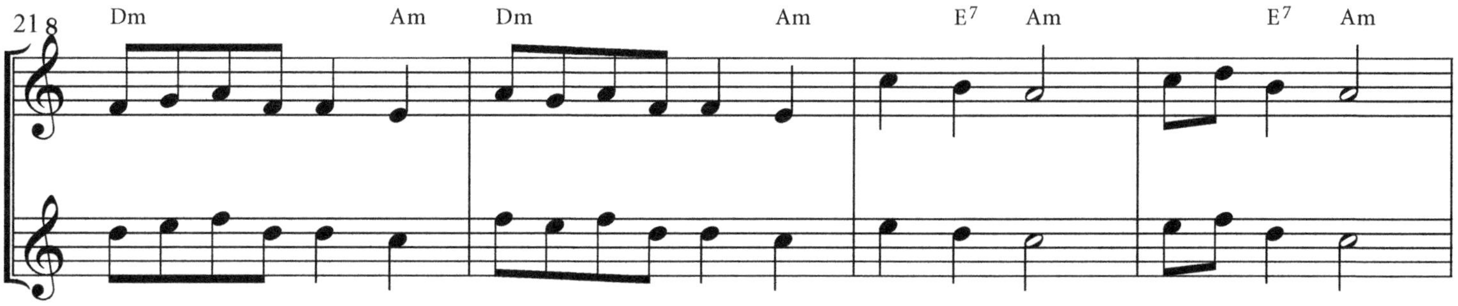

21 Dm Am Dm Am E7 Am E7 Am

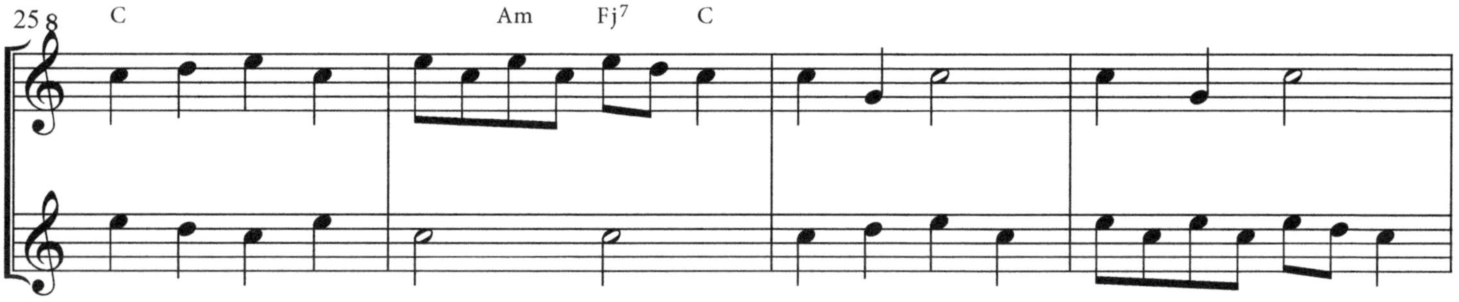

25 C Am Fj7 C

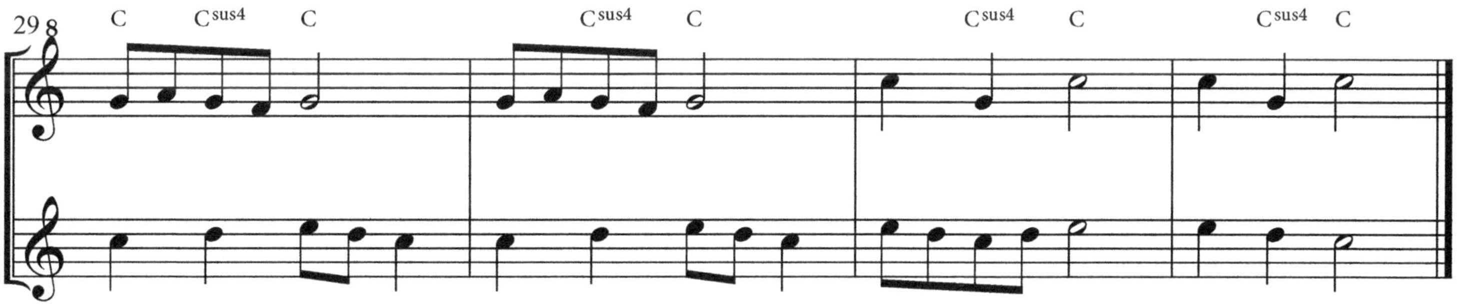

29 C Csus4 C Csus4 C Csus4 C Csus4 C

In Scotland

Isle Of Man

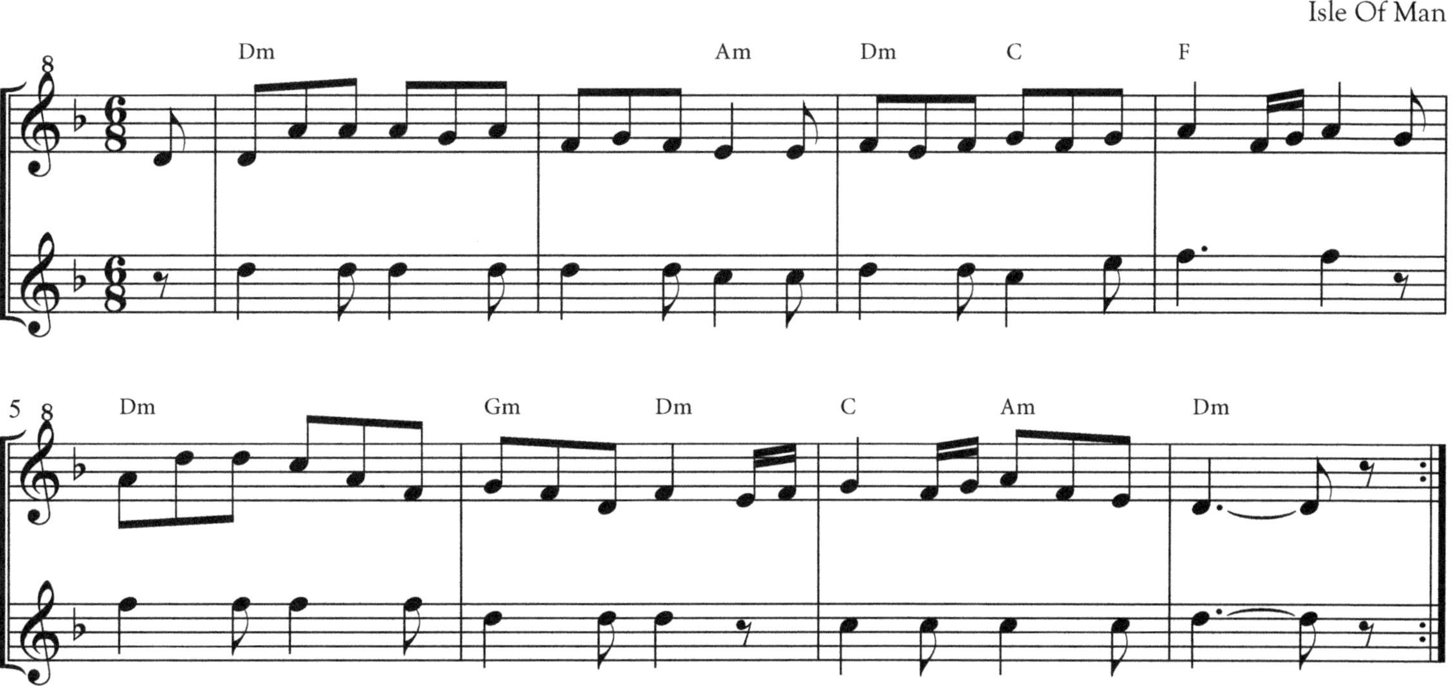

Schreittanz

Barbara Ertl

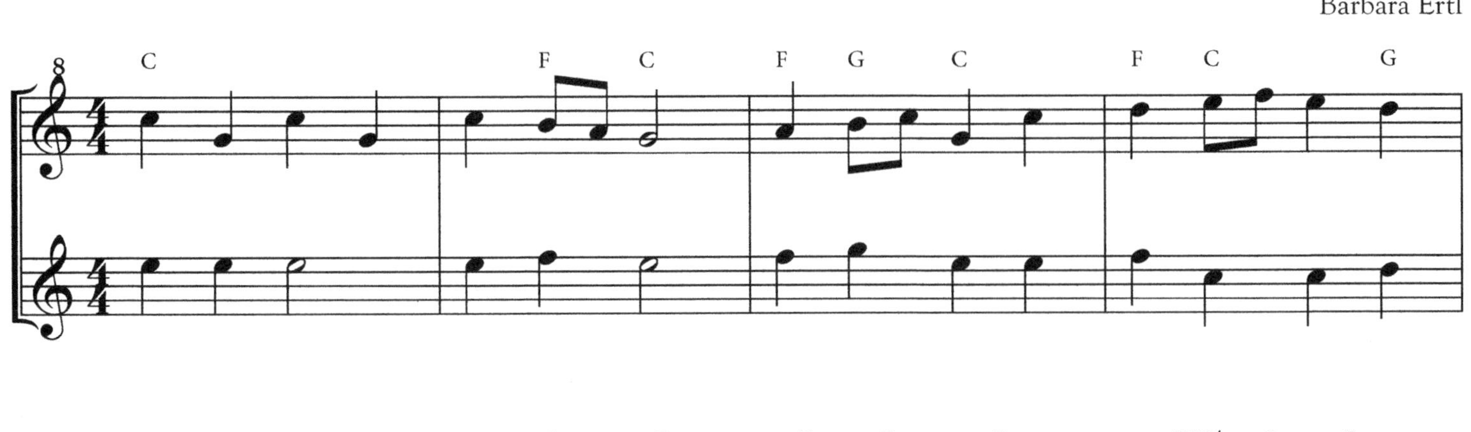

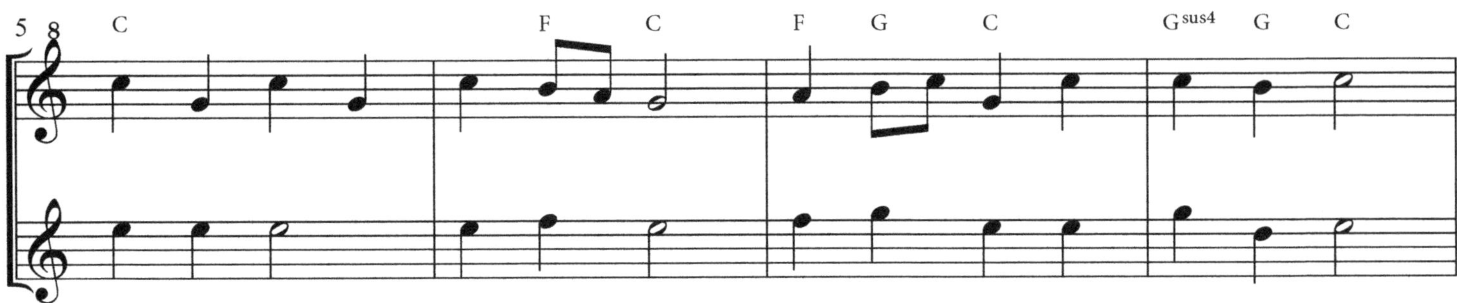

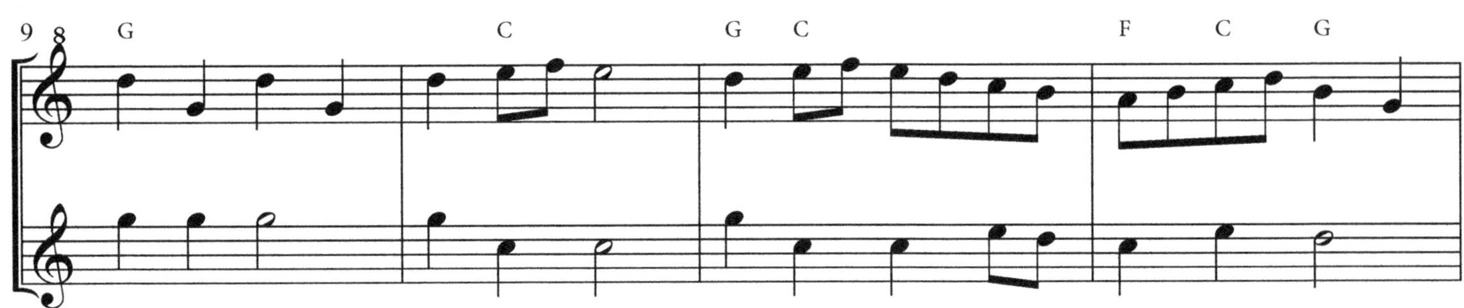

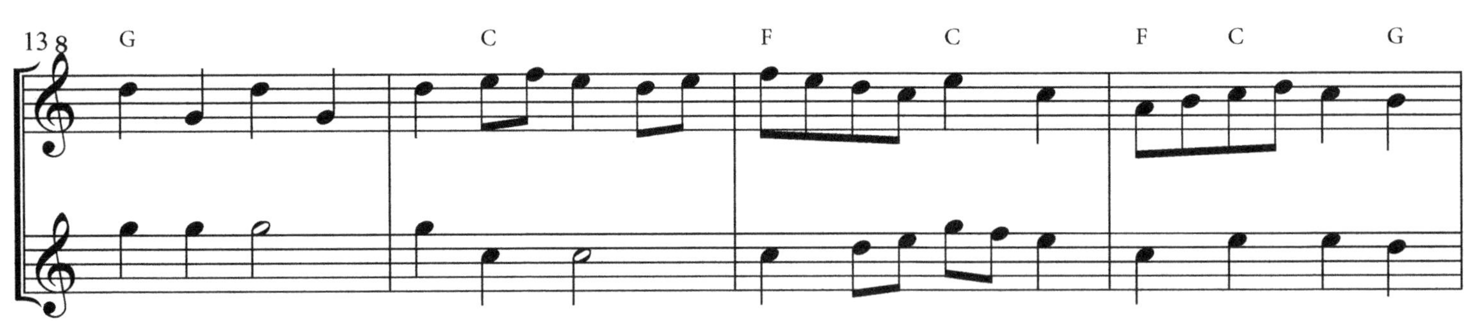

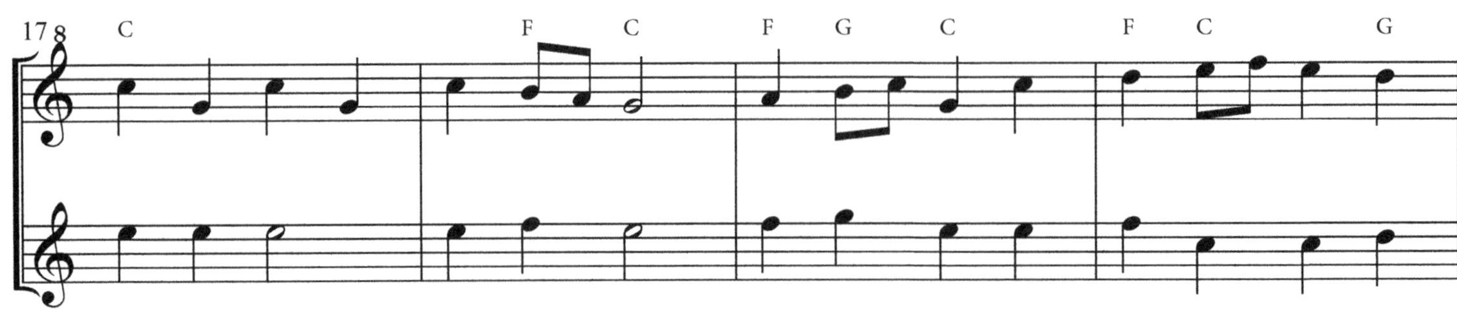

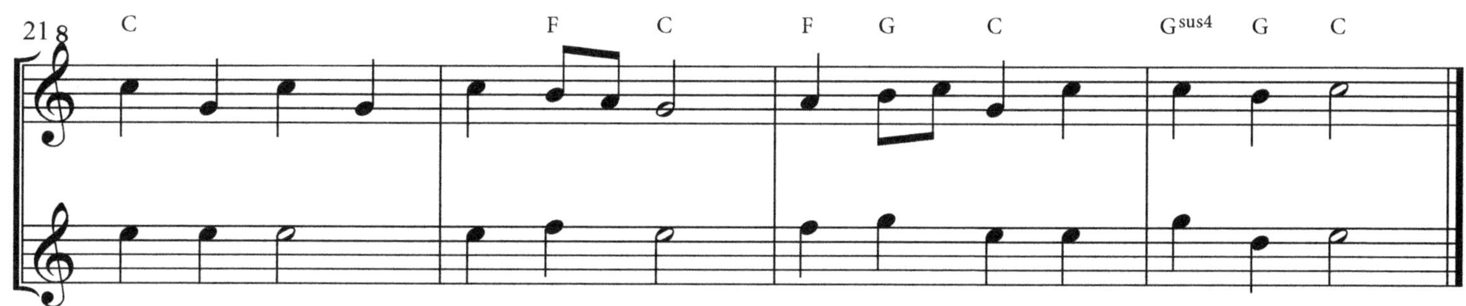

Branle

Pierre Phalèse, 1583

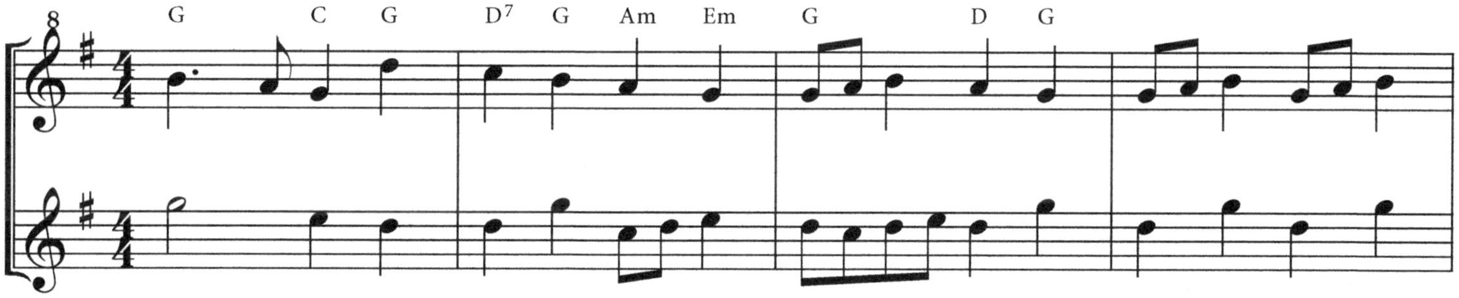

G C G D7 G Am Em G D G

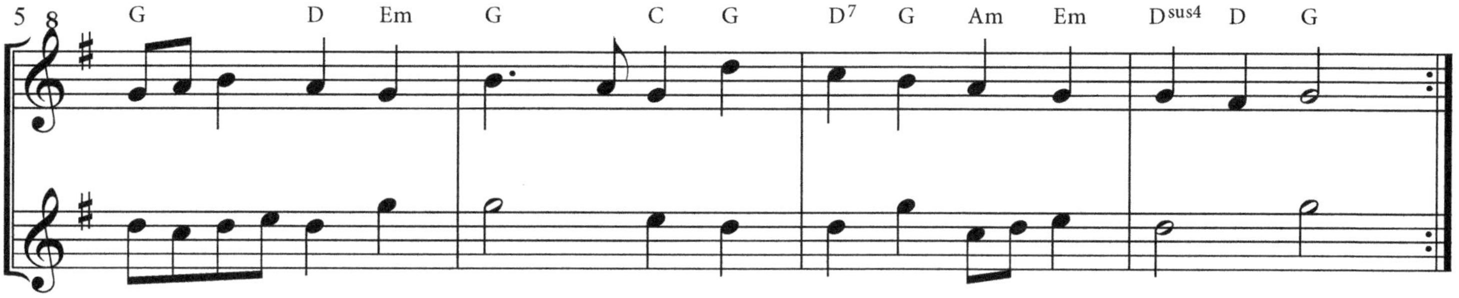

5 G D Em G C G D7 G Am Em Dsus4 D G

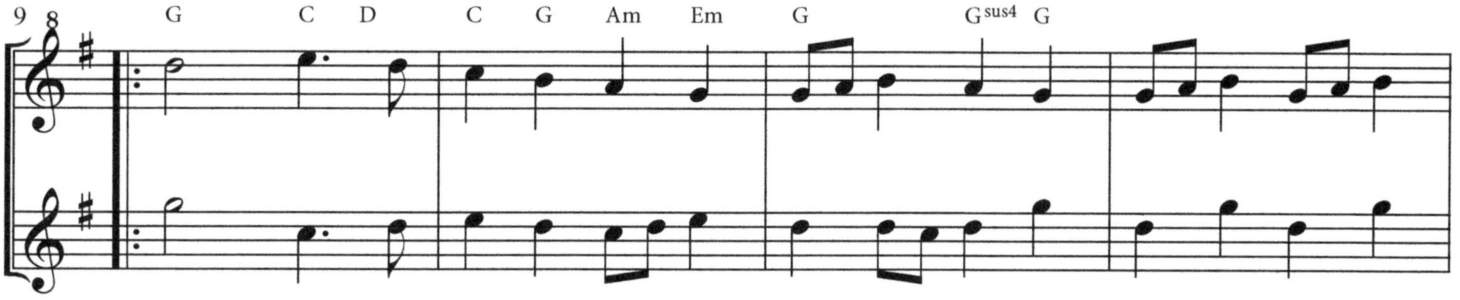

9 G C D C G Am Em G Gsus4 G

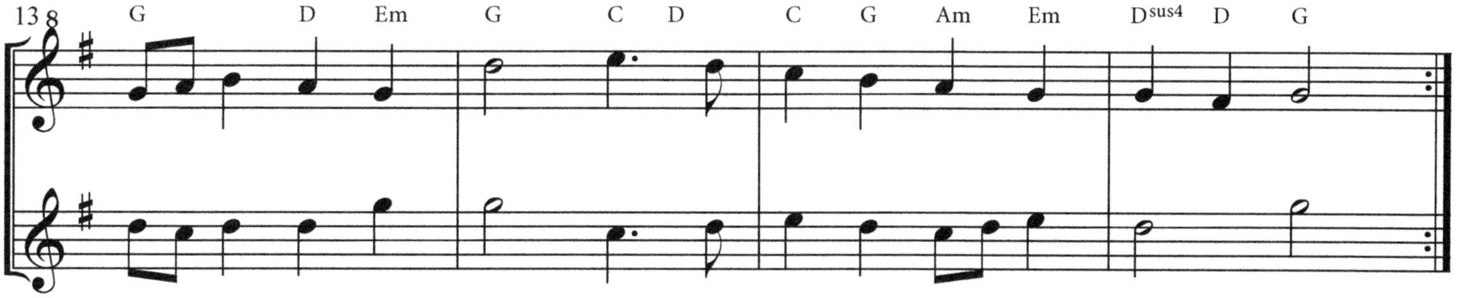

13 G D Em G C D C G Am Em Dsus4 D G

Good Luck

Barbara Ertl

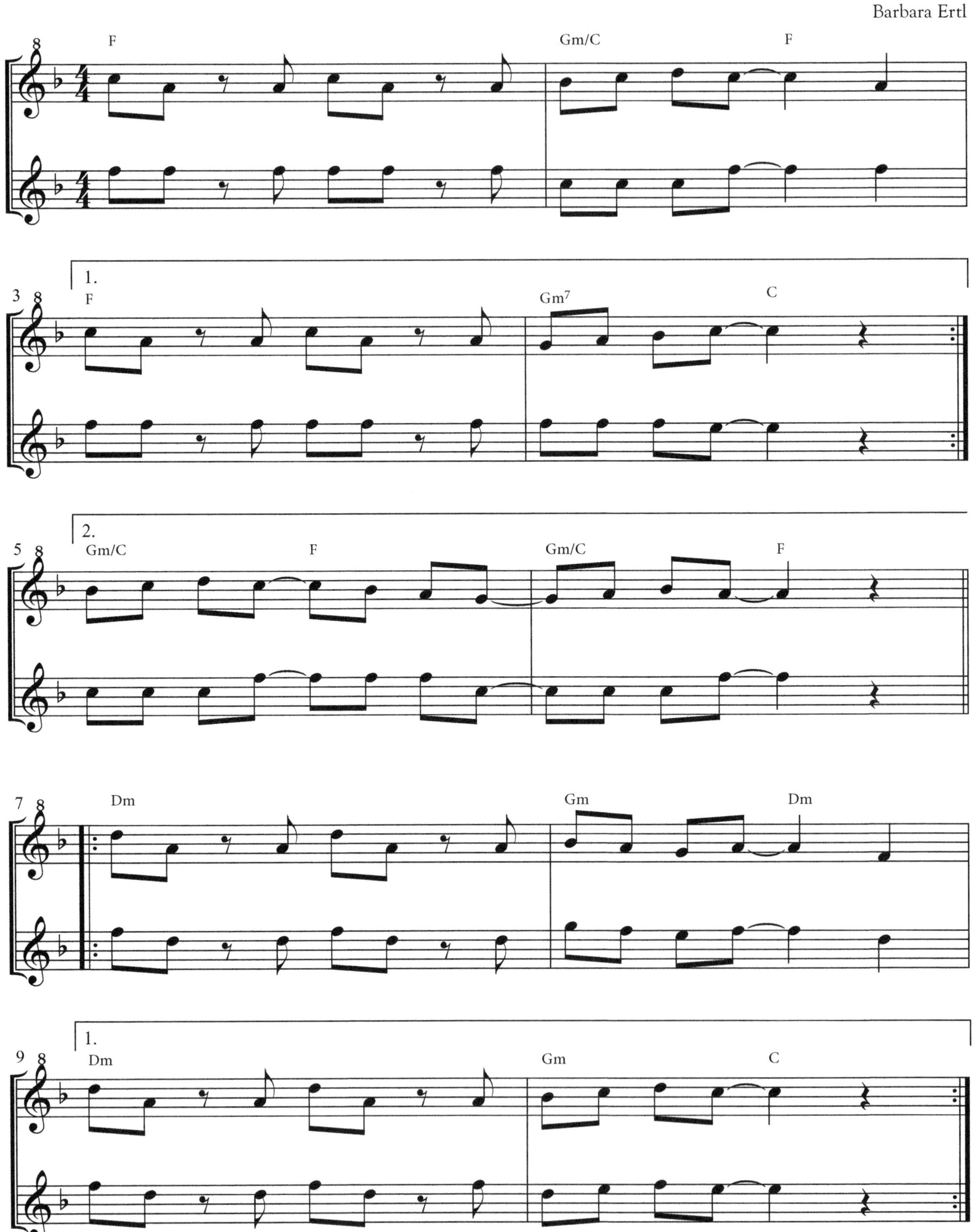

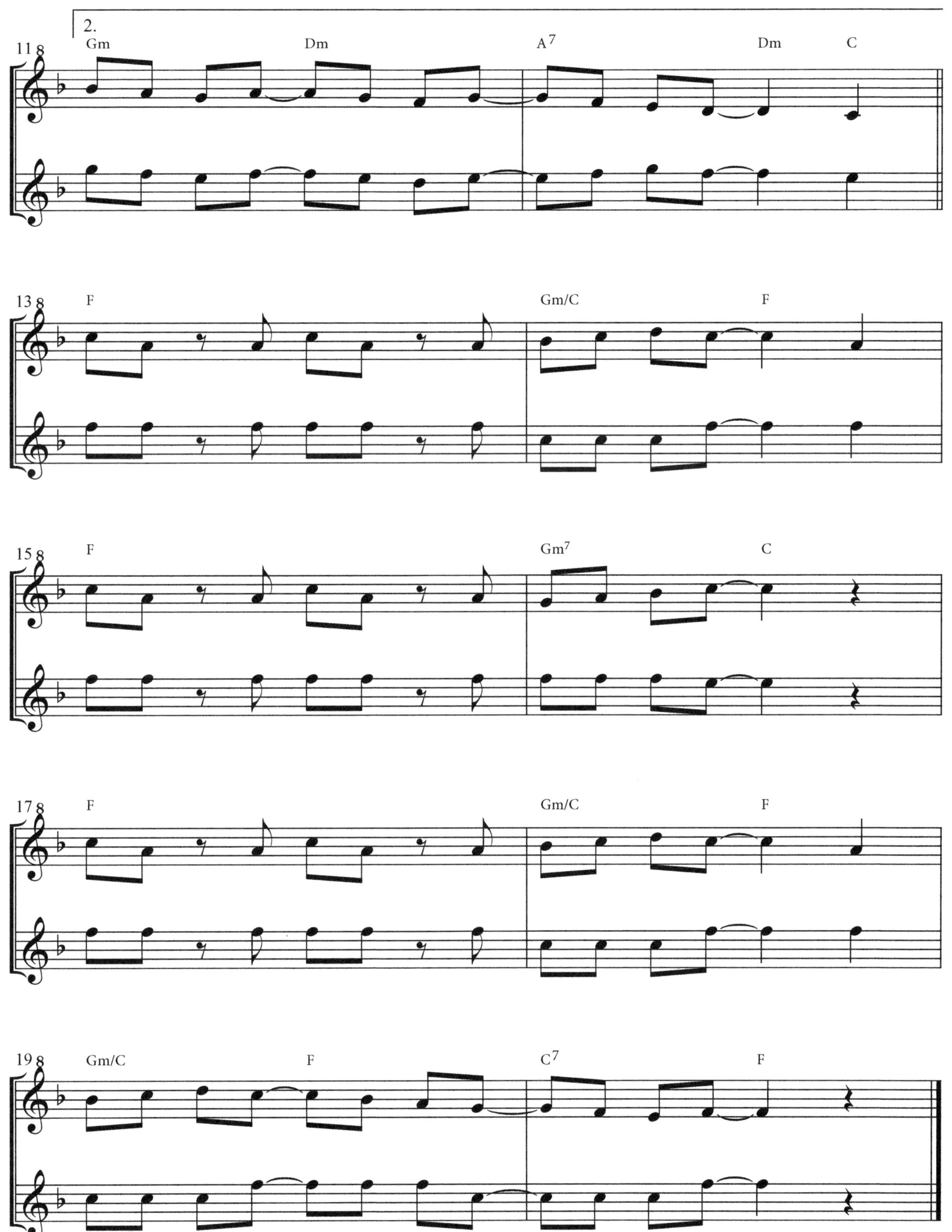
2.
11
Gm
Dm
A7
Dm
C
13
F
Gm/C
F
15
F
Gm7
C
17
F
Gm/C
F
19
Gm/C
F
C7
F

El Perezoso

Barbara Ertl

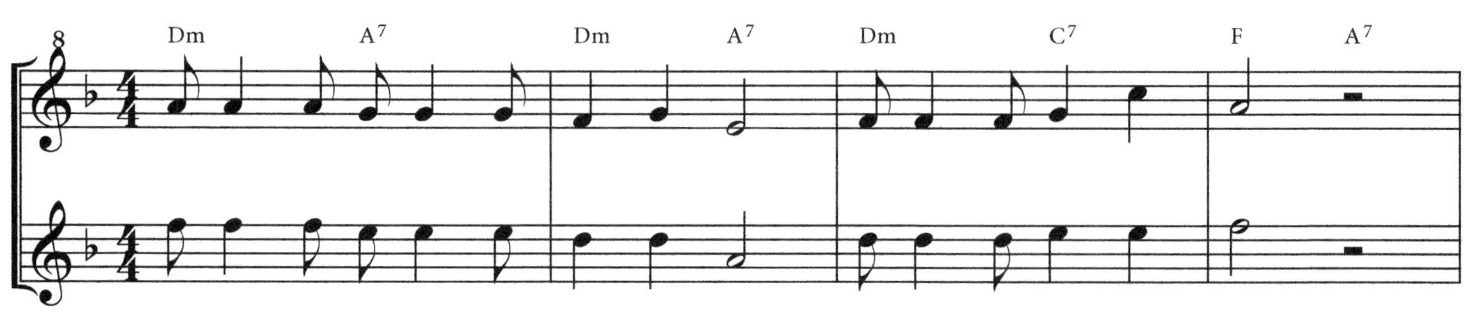

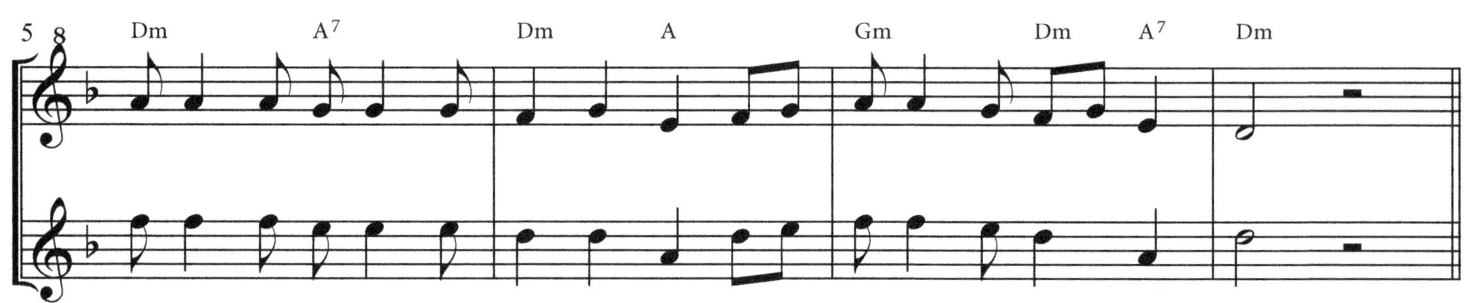

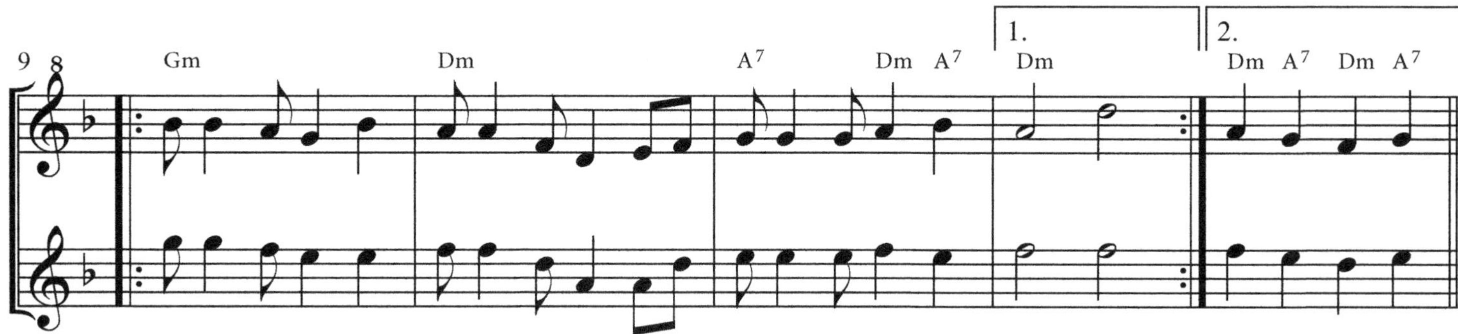

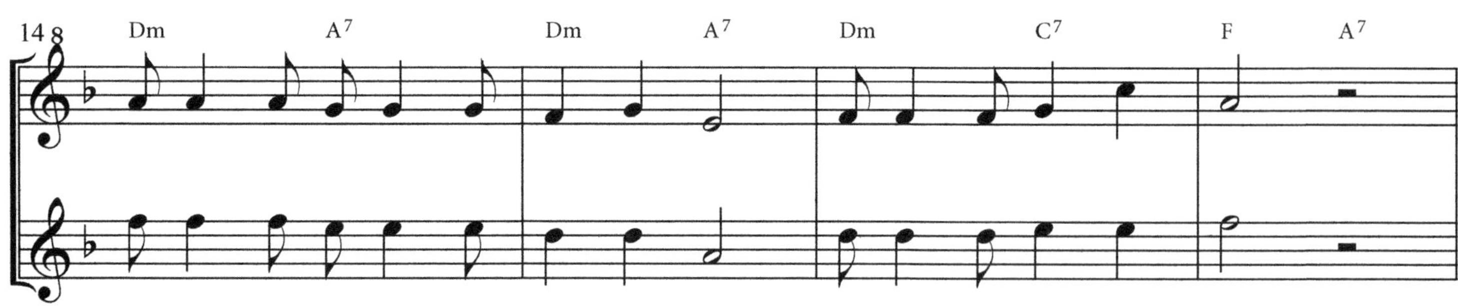

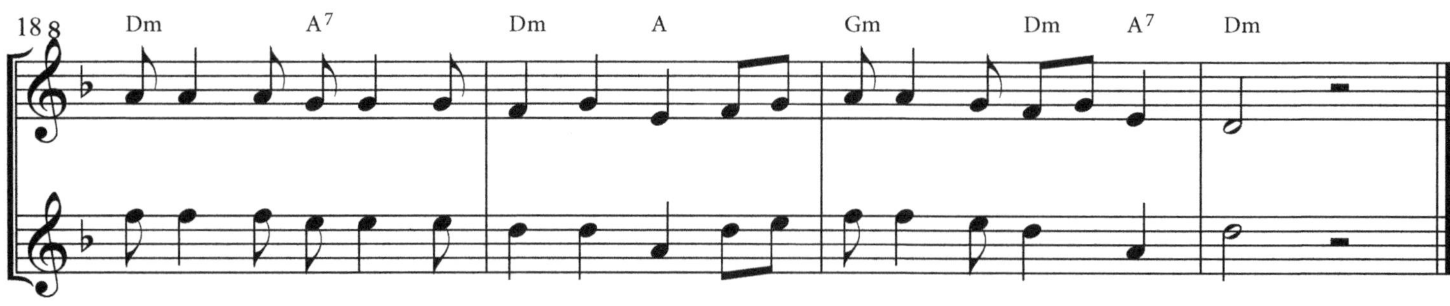

Parson's Farewell

John Playford
(1623–1686)

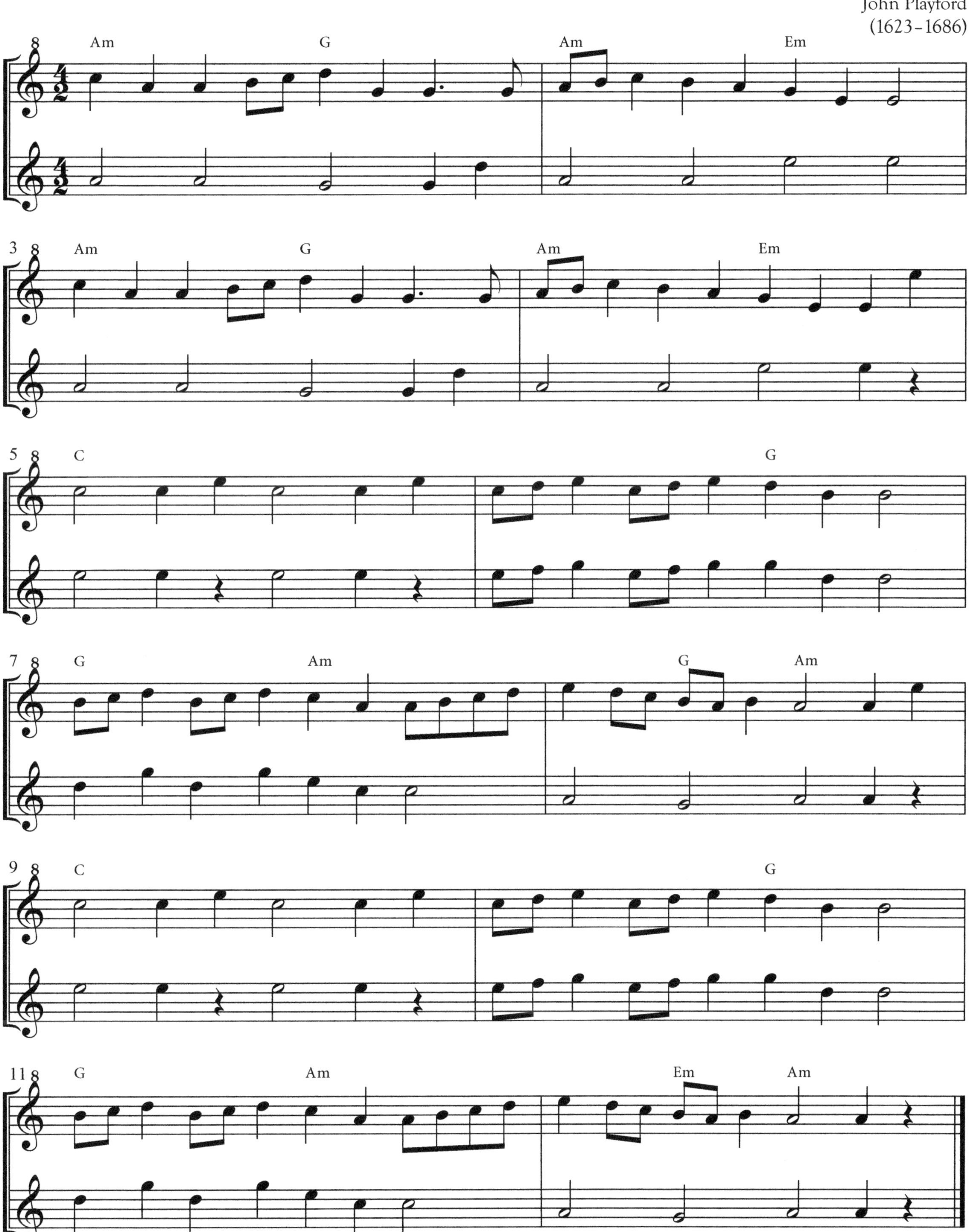

Jenny Jones

John Parry
(1776–1851)

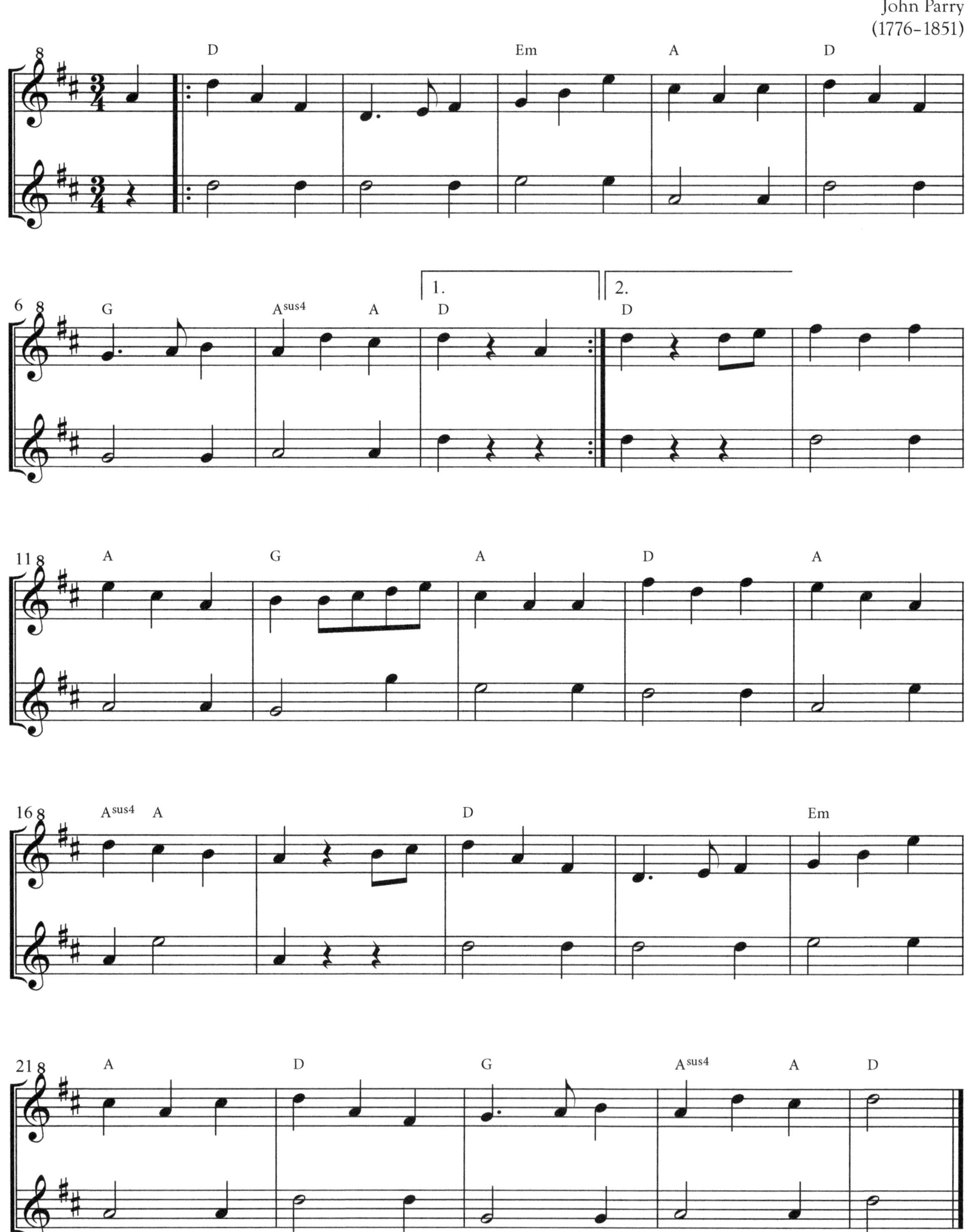

Zapfenstreich

aus der Schwalm (um 1800)

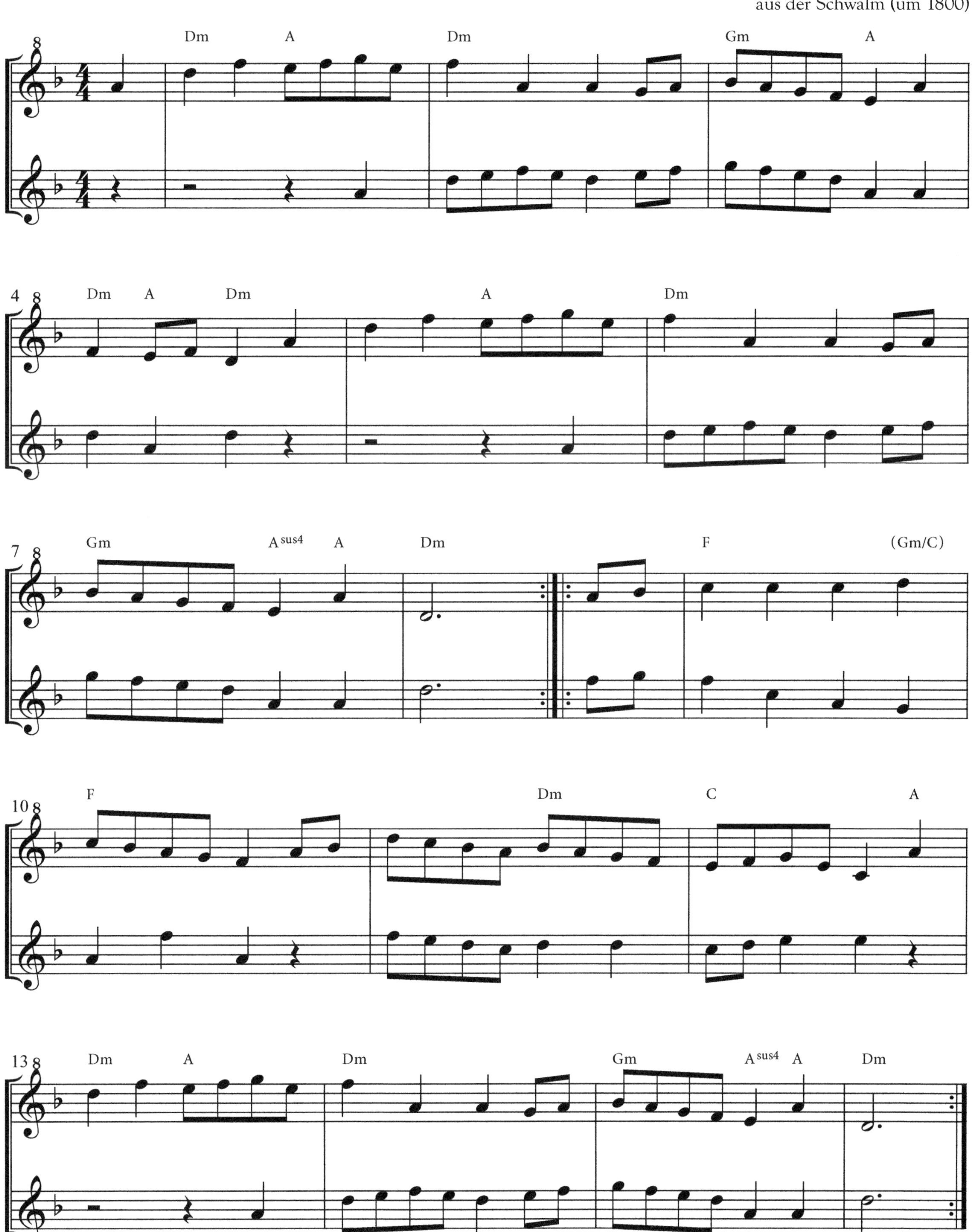

Buachaill On Eirne

aus Irland

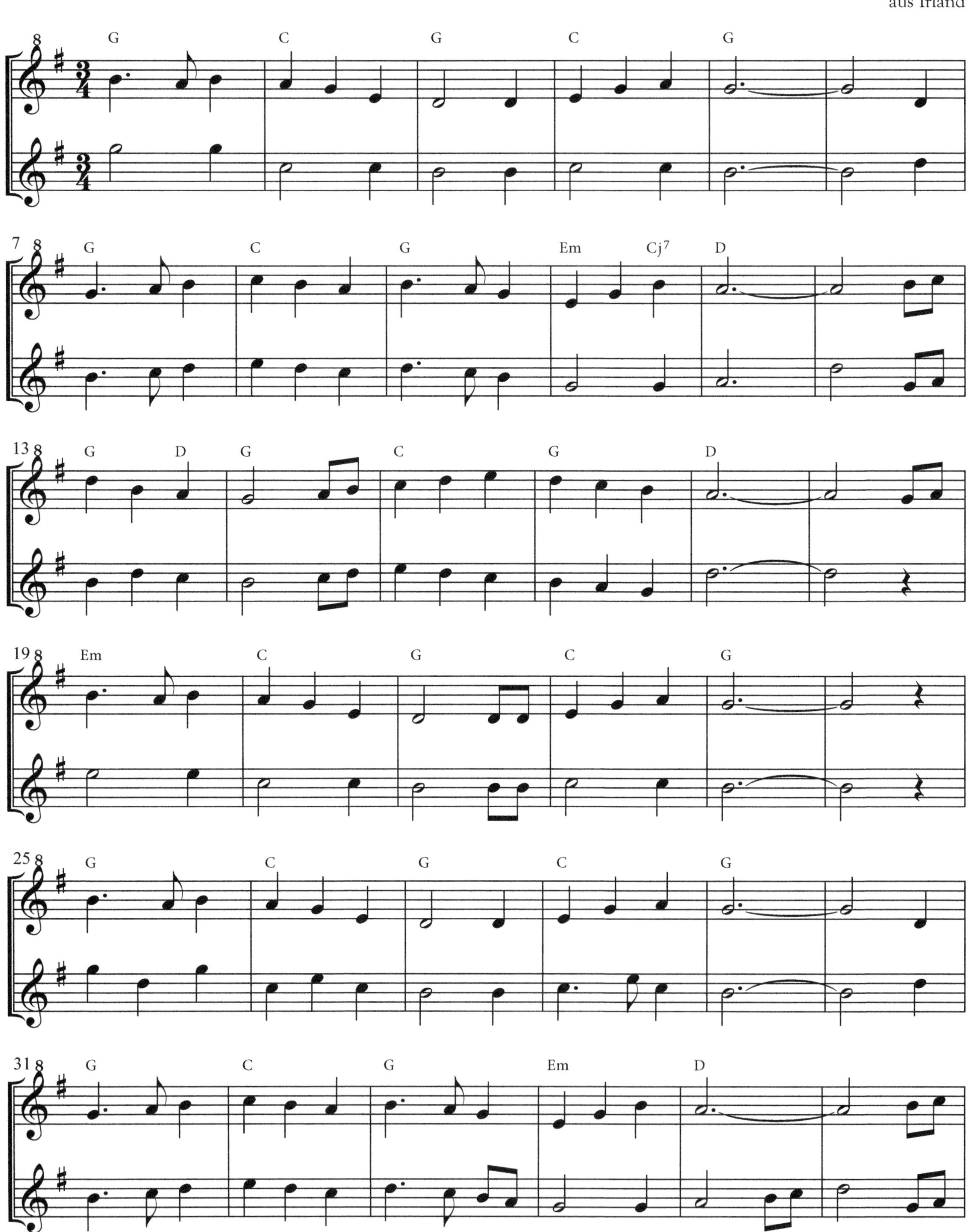

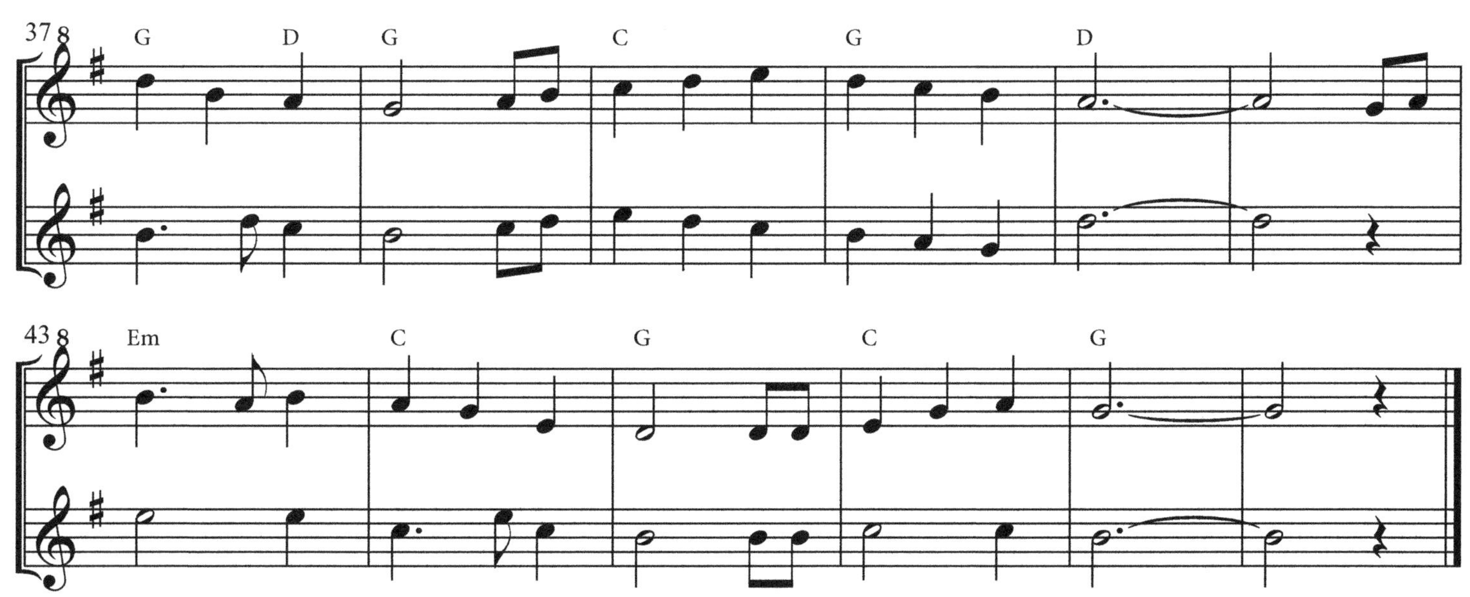

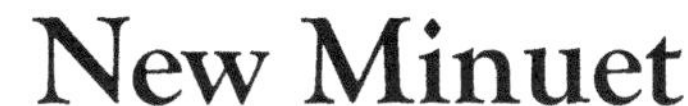

New Minuet

John Playford
(1623–1686)

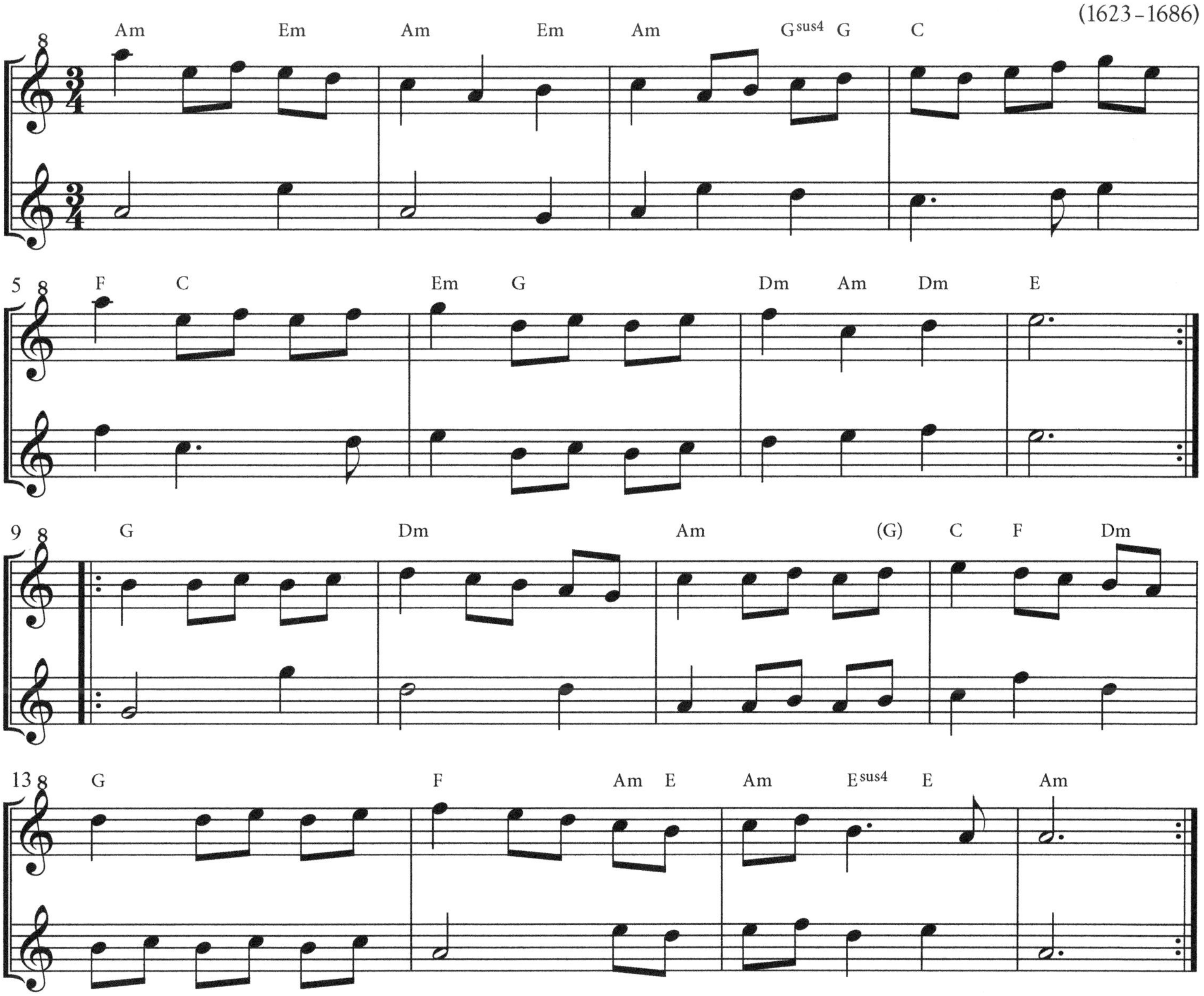

Am Em Am Em Am Gsus4 G C

5
F C Em G Dm Am Dm E

9
G Dm Am (G) C F Dm

13
G F Am E Am Esus4 E Am

Marsch

Johann Sebastian Bach
(1685–1750)

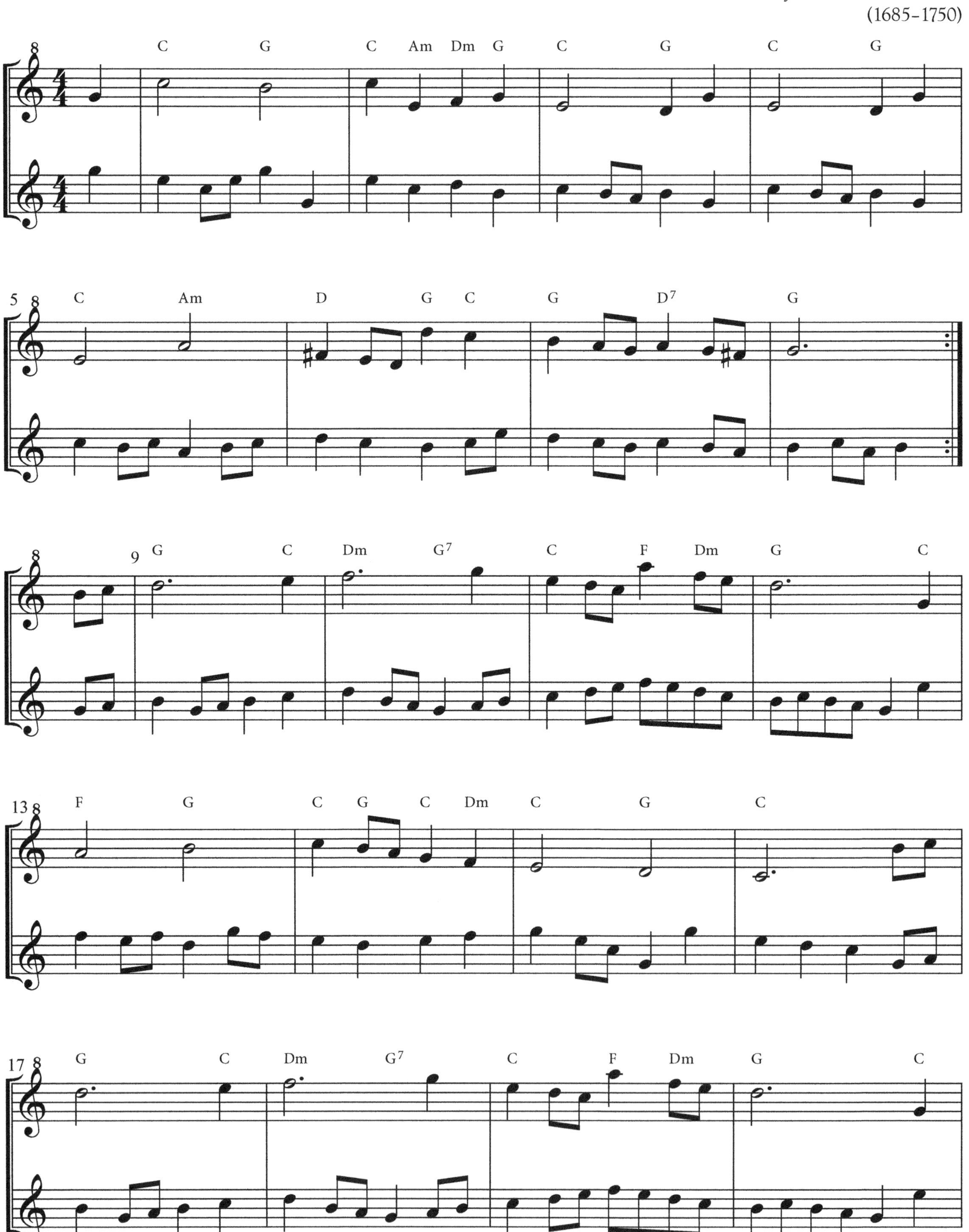

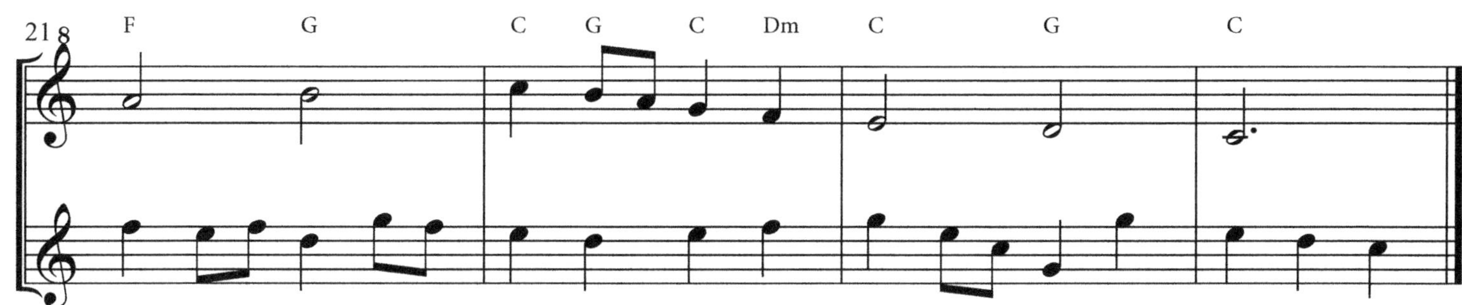

Scenery

Barbara Ertl

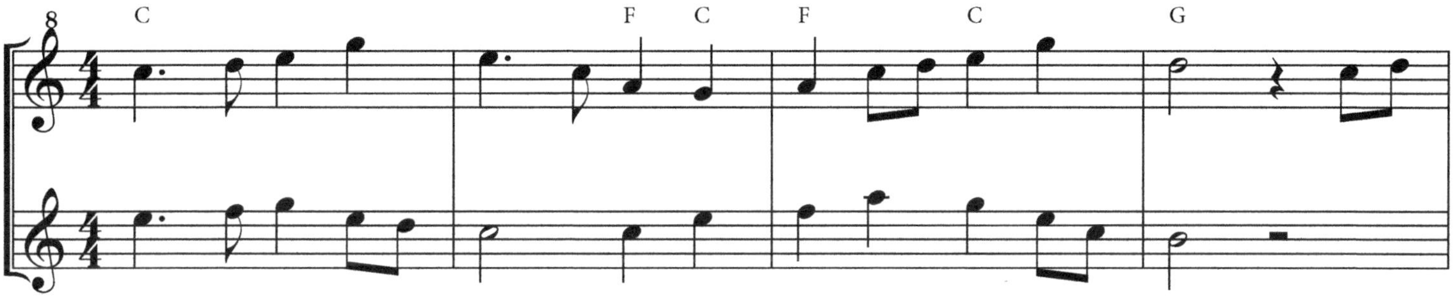

C
F C
F C
G

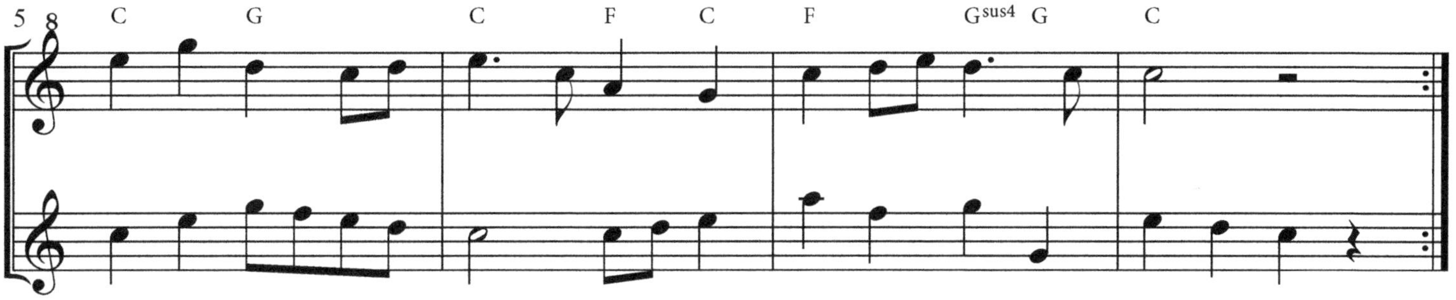

5
C G
C F C
F Gsus4 G
C

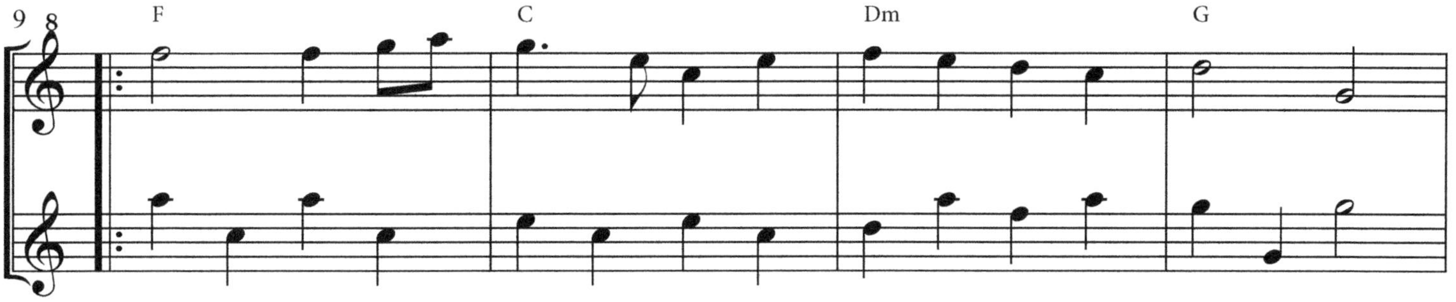

9
F
C
Dm
G

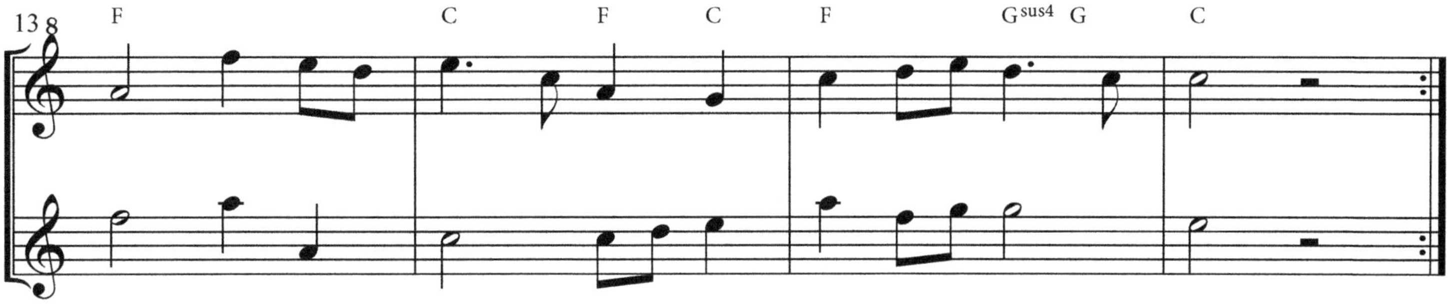

13
F
C F C
F Gsus4 G
C

Lulle Me Beyound Thee

John Playford
(1623–1686)

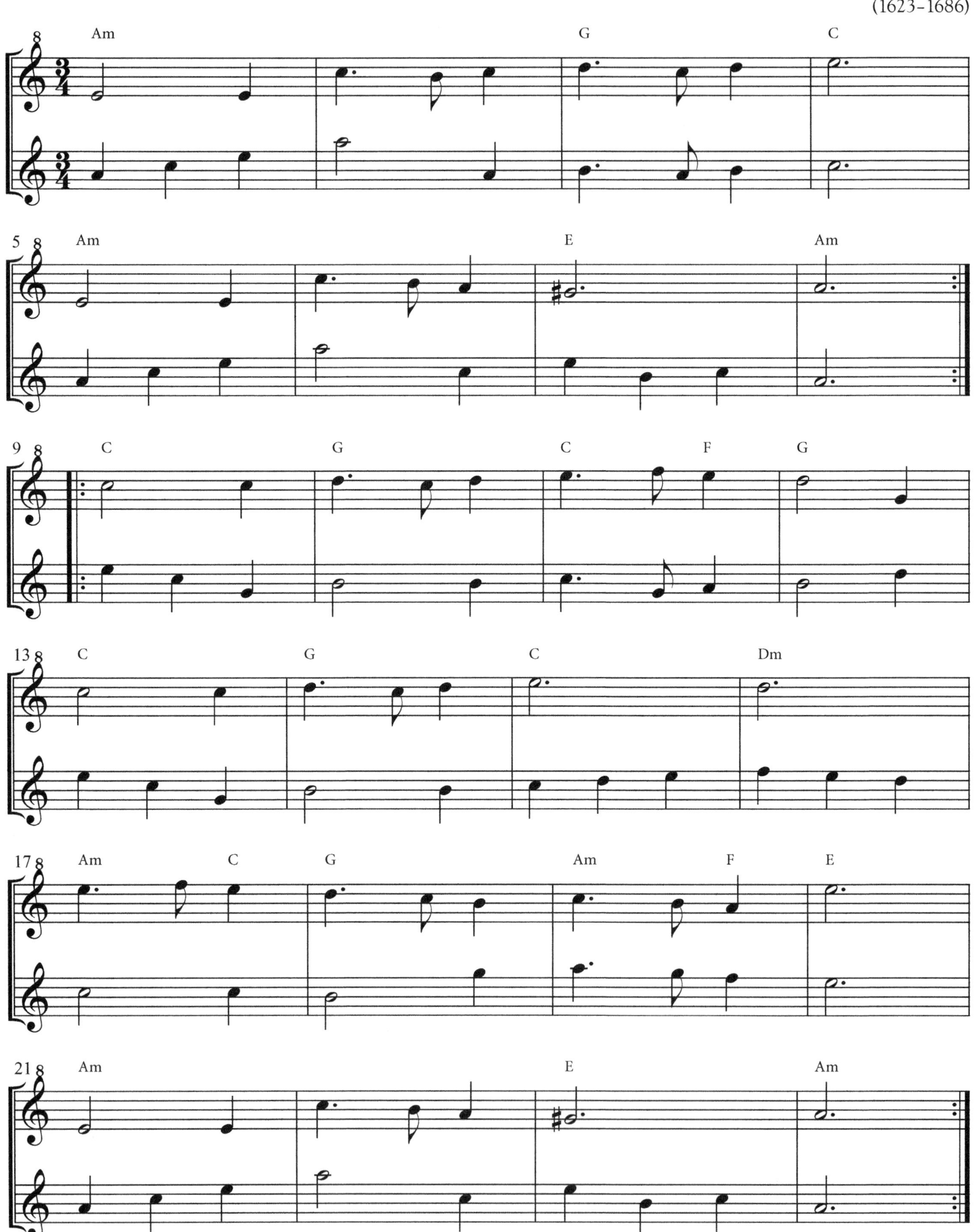

Rufty Tufty

John Playford
(1623–1686)

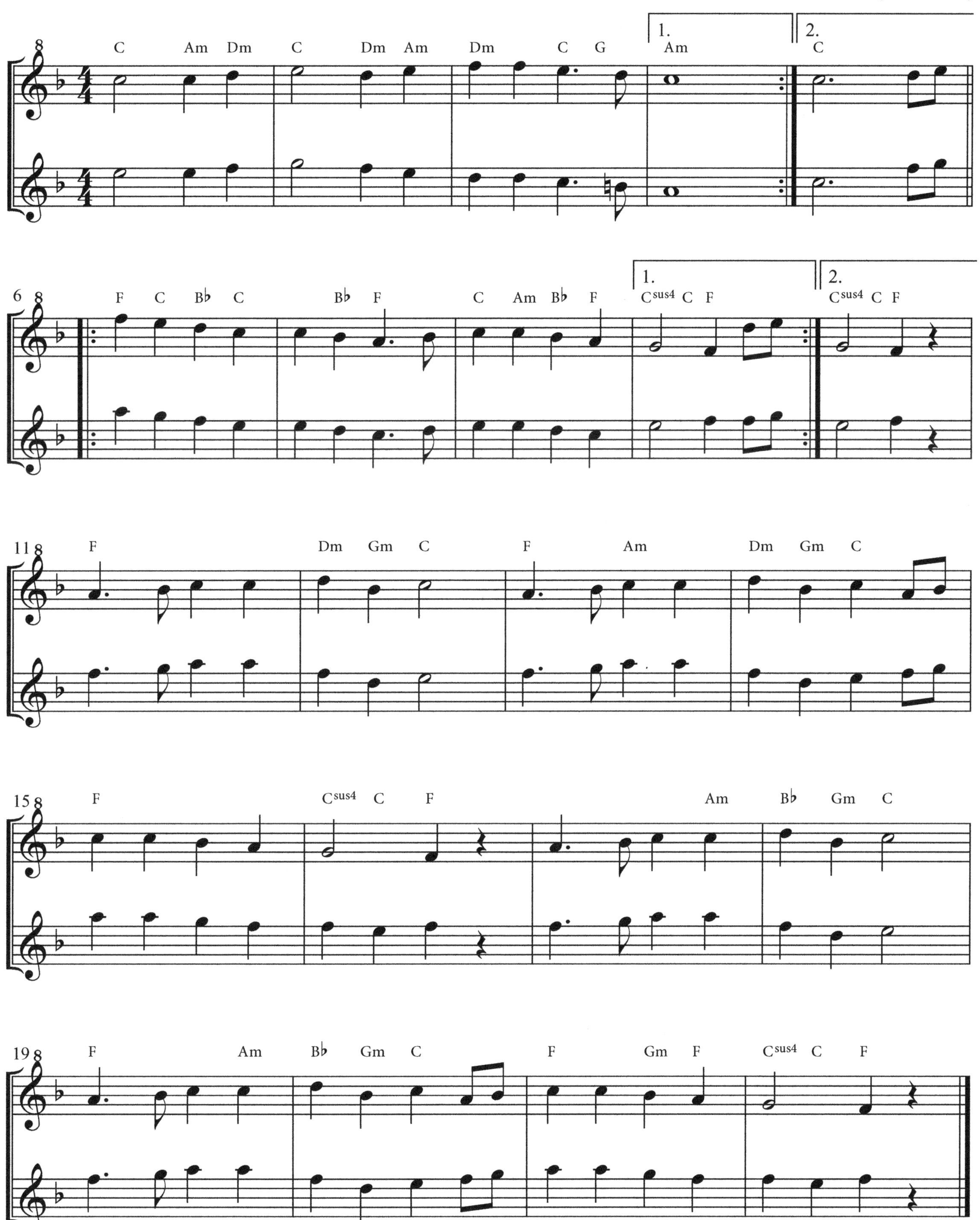

Silent, O Moyle

aus Irland

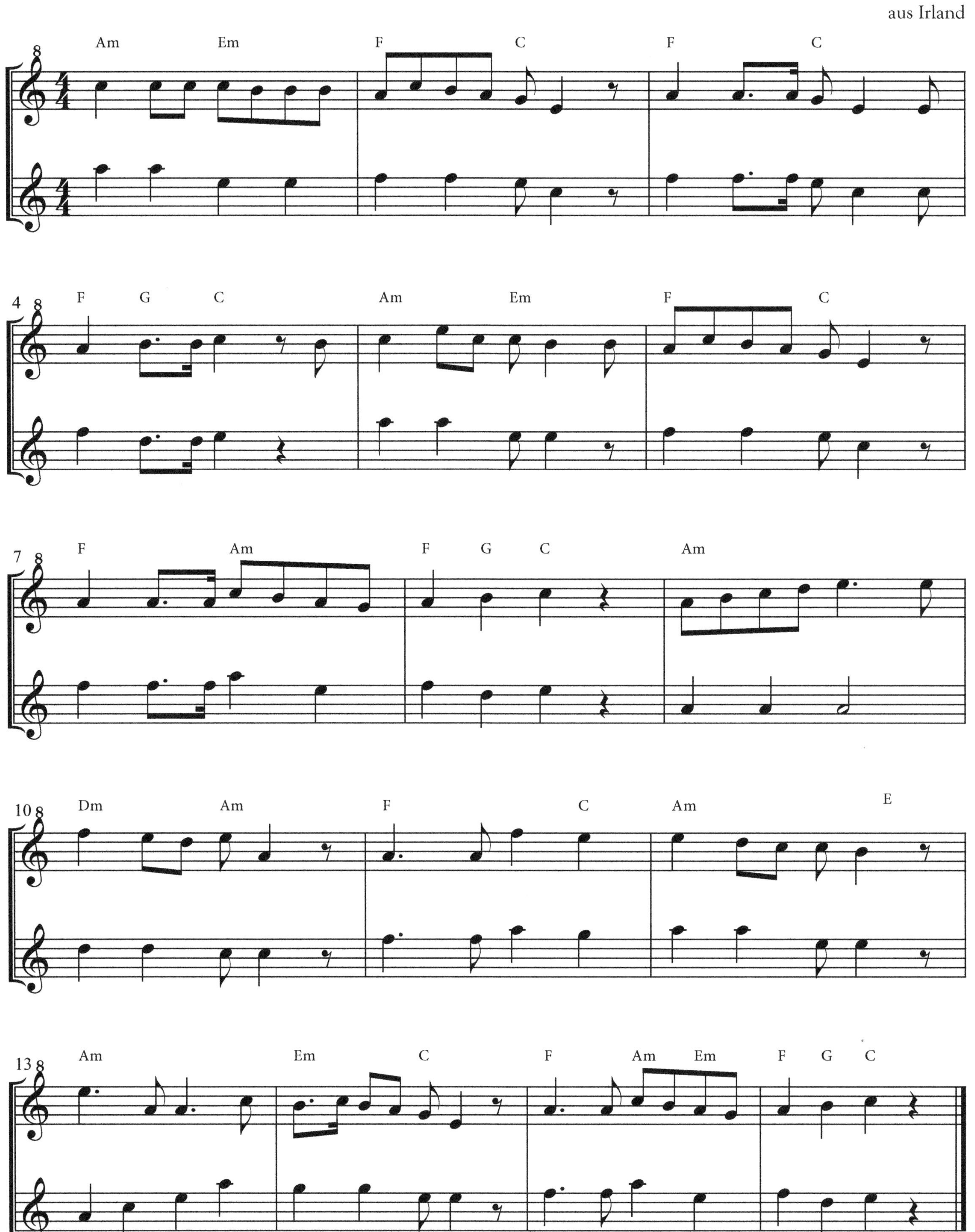

Ye Banks And Braes O' Bonnie Doon

aus Schottland

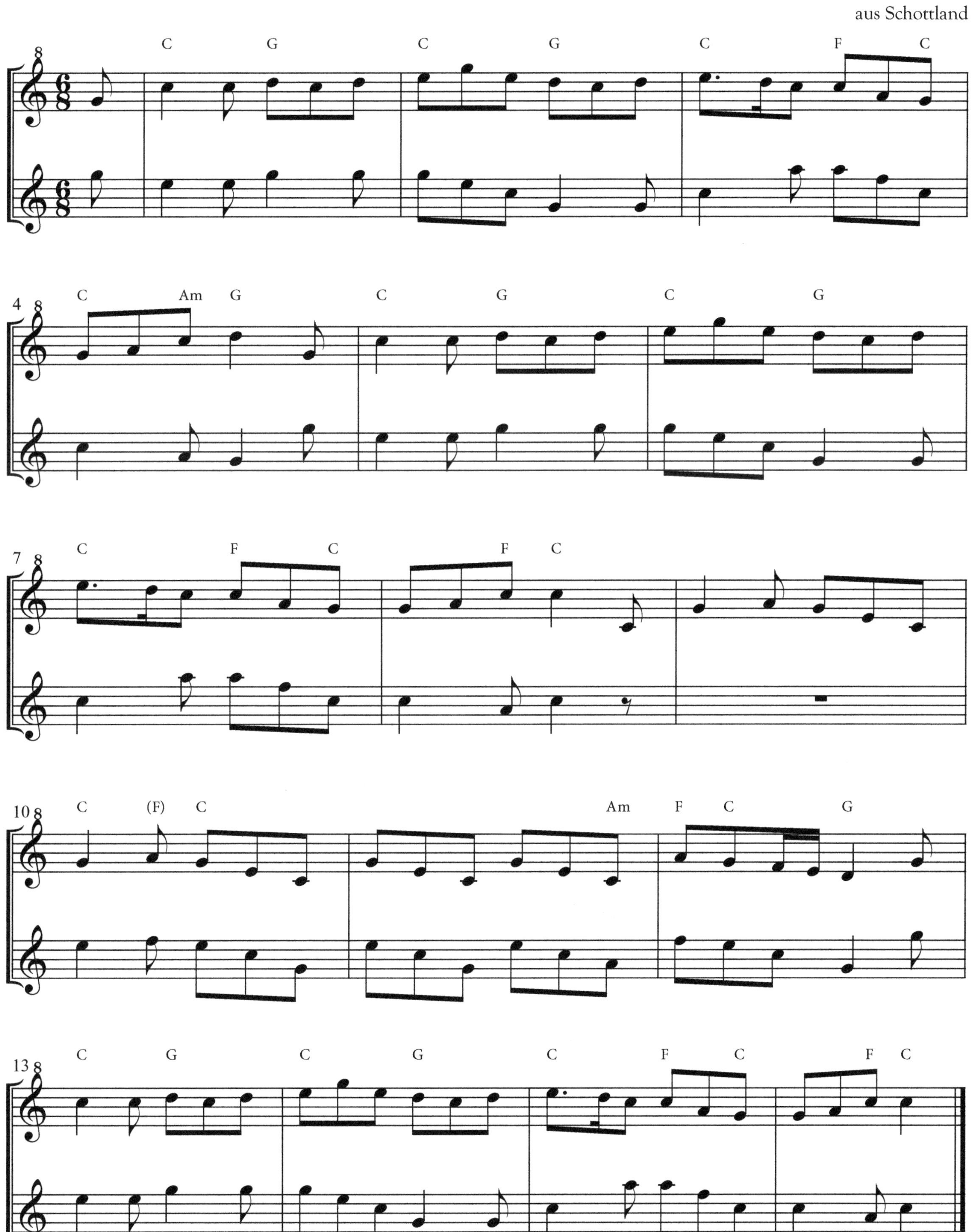

High Spirits

Barbara Ertl

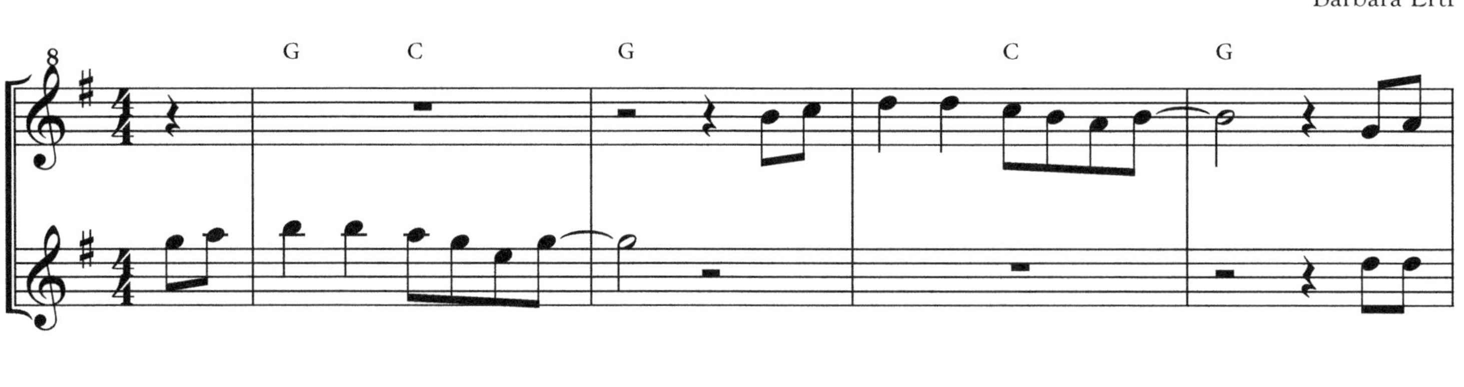

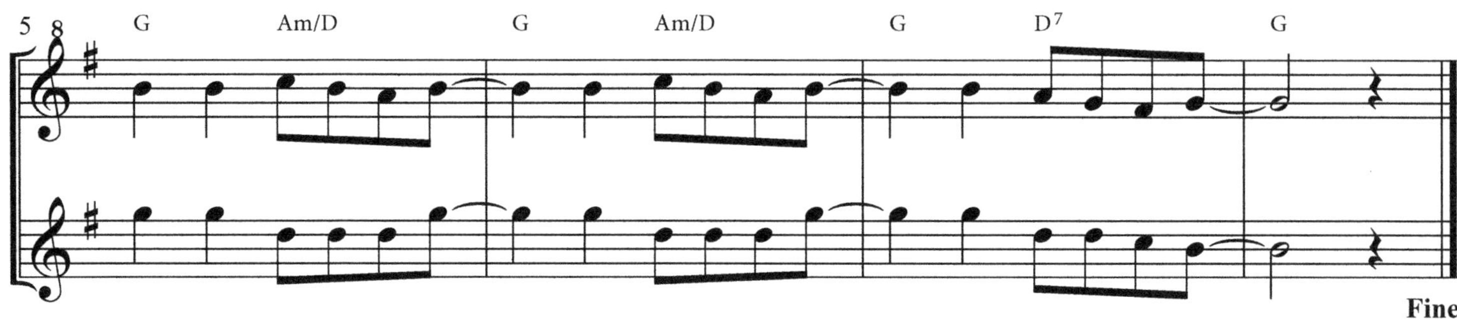

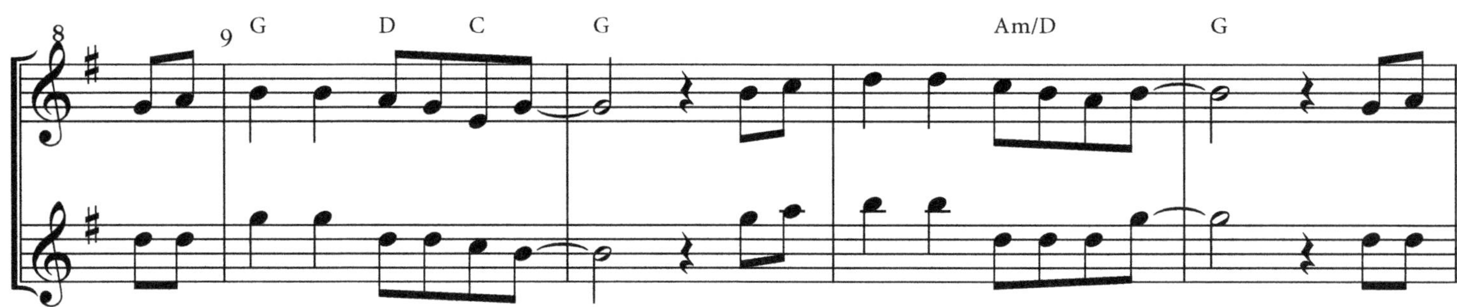

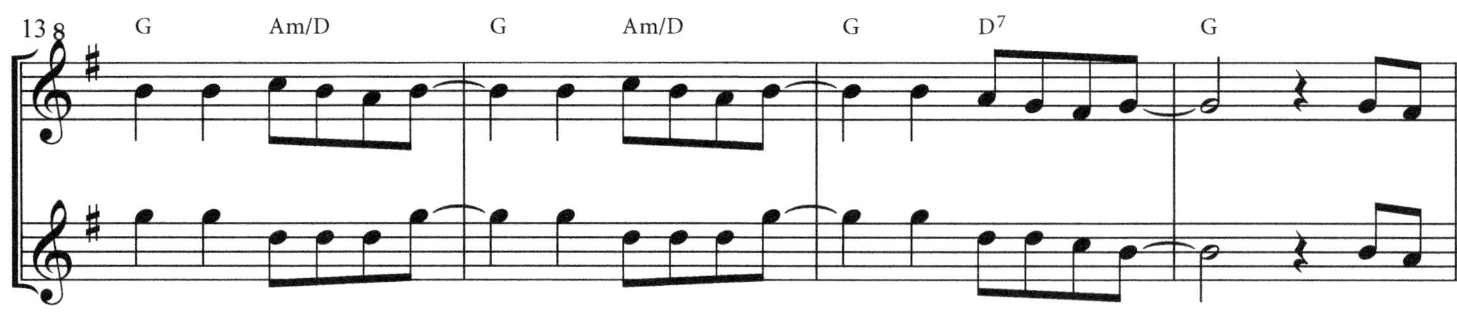

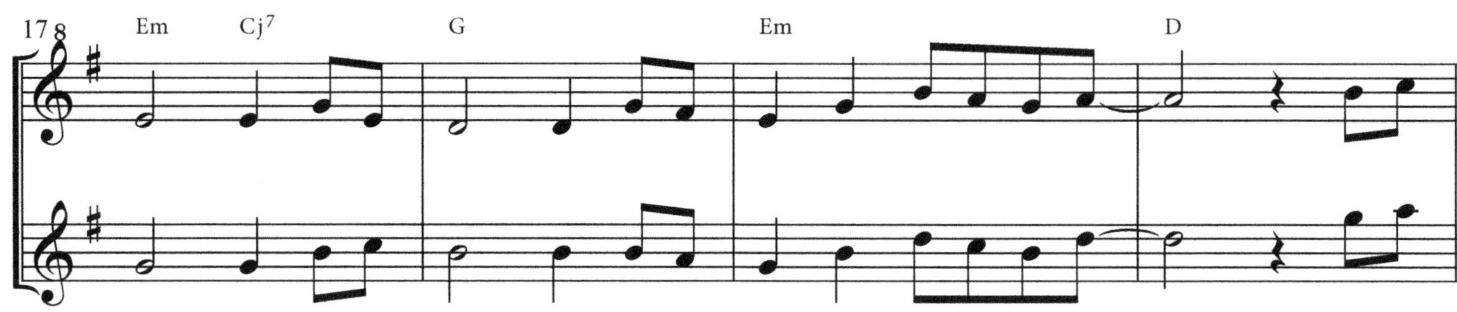

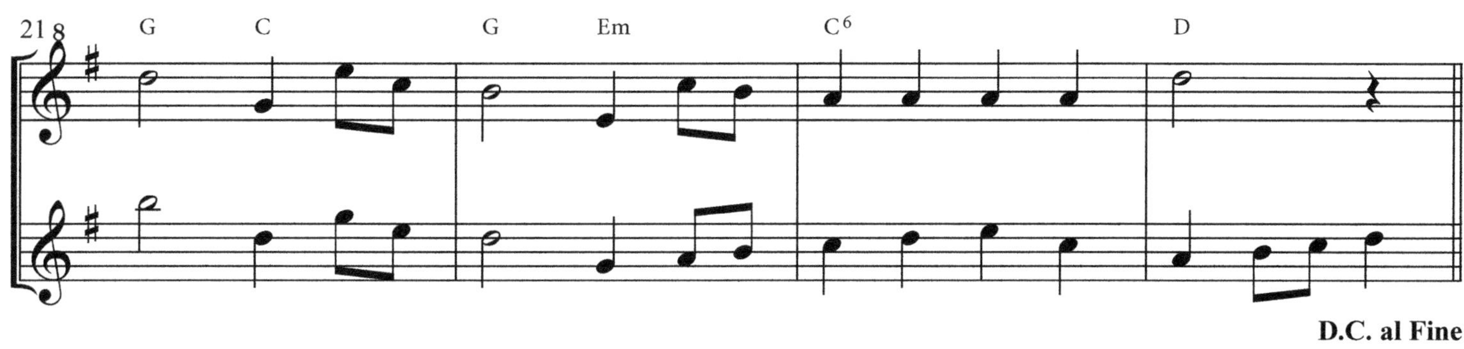

D.C. al Fine

Farewell To Whiskey

aus Irland

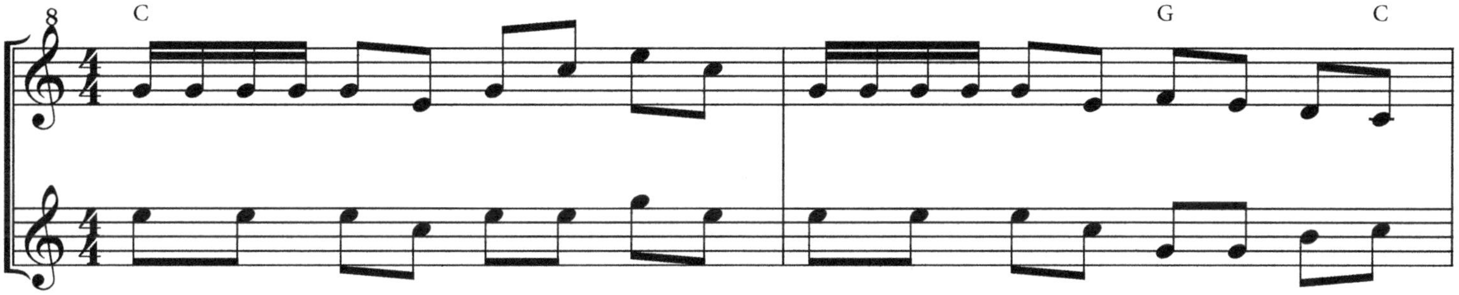

C G C

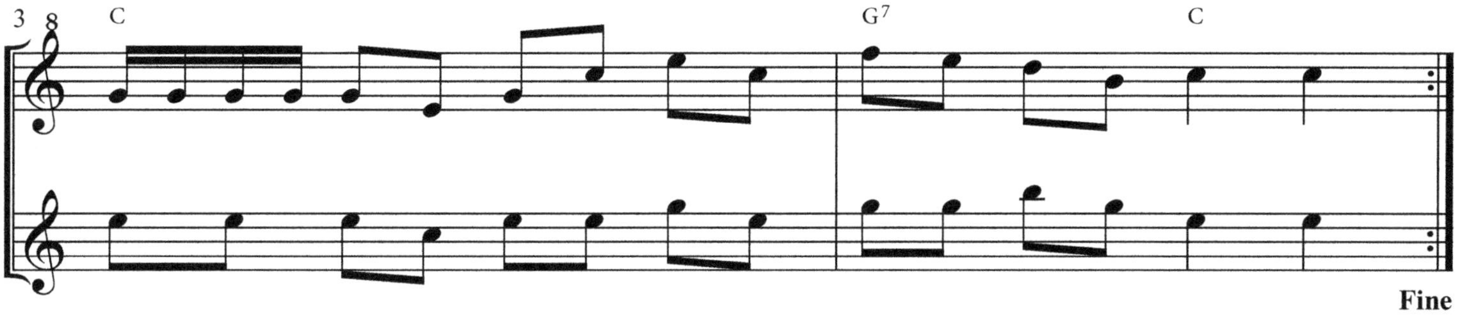

3 C G7 C

Fine

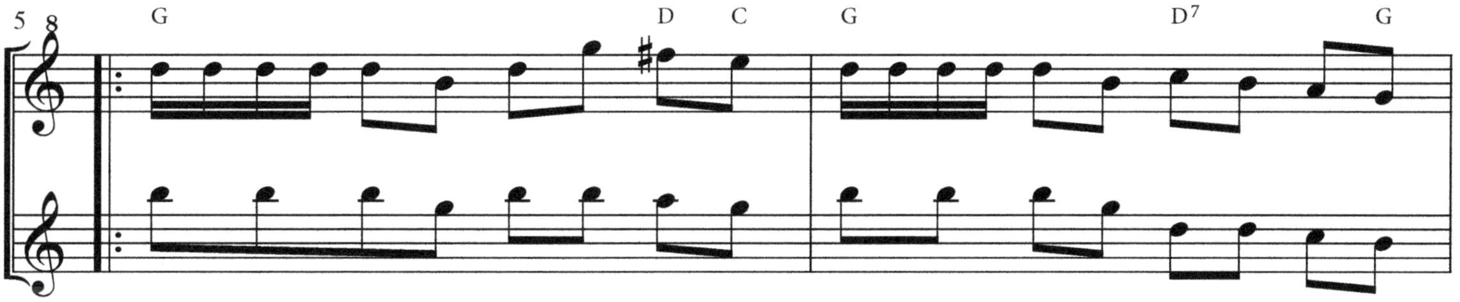

5 G D C G D7 G

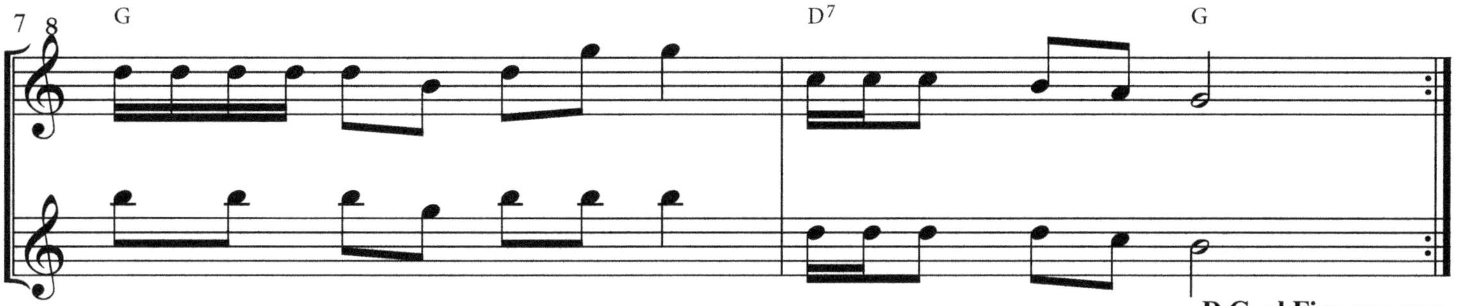

7 G D7 G

D.C. al Fine con rep.

Sugar In My Coffee

aus England

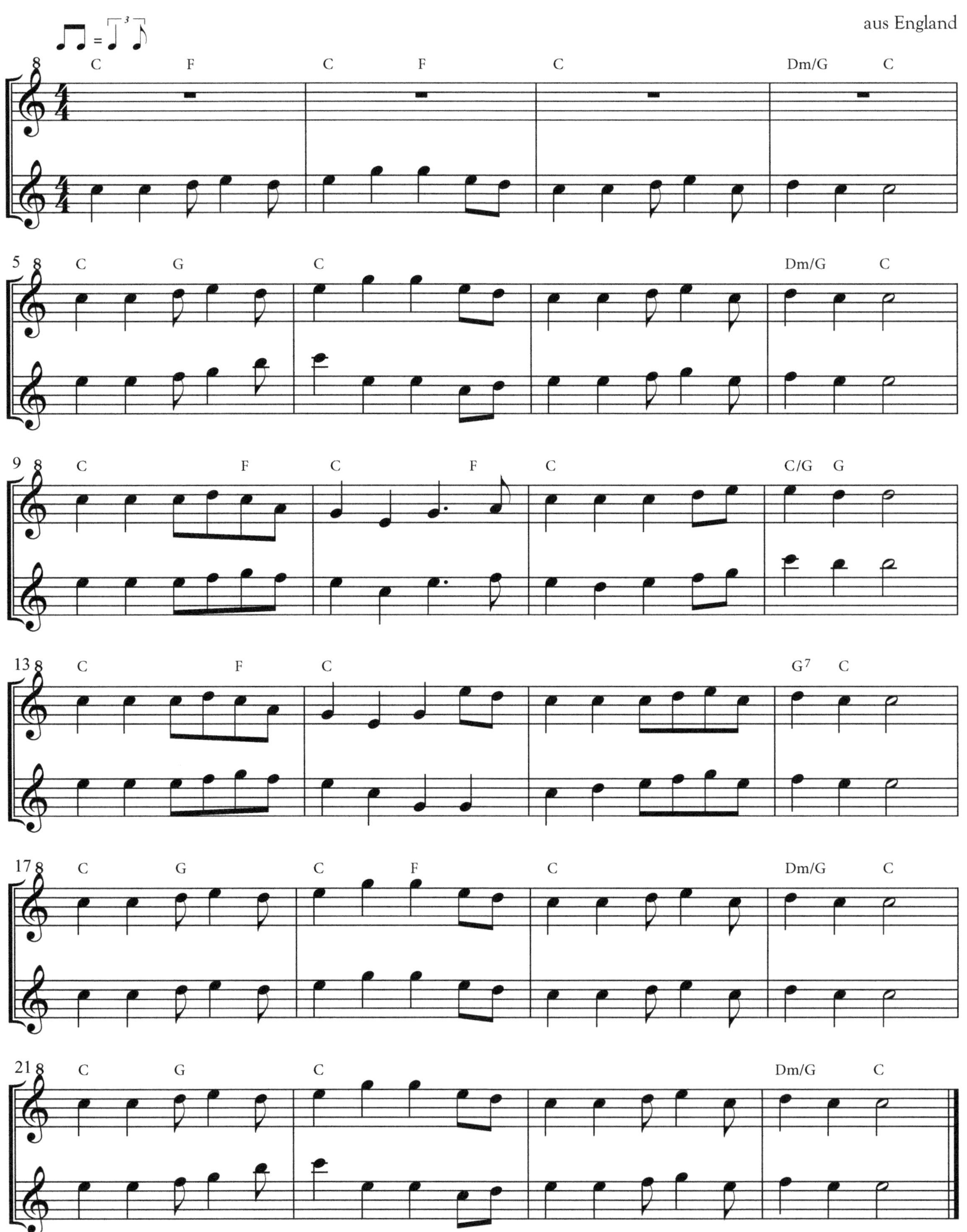

Um Mitternacht

Barbara Ertl

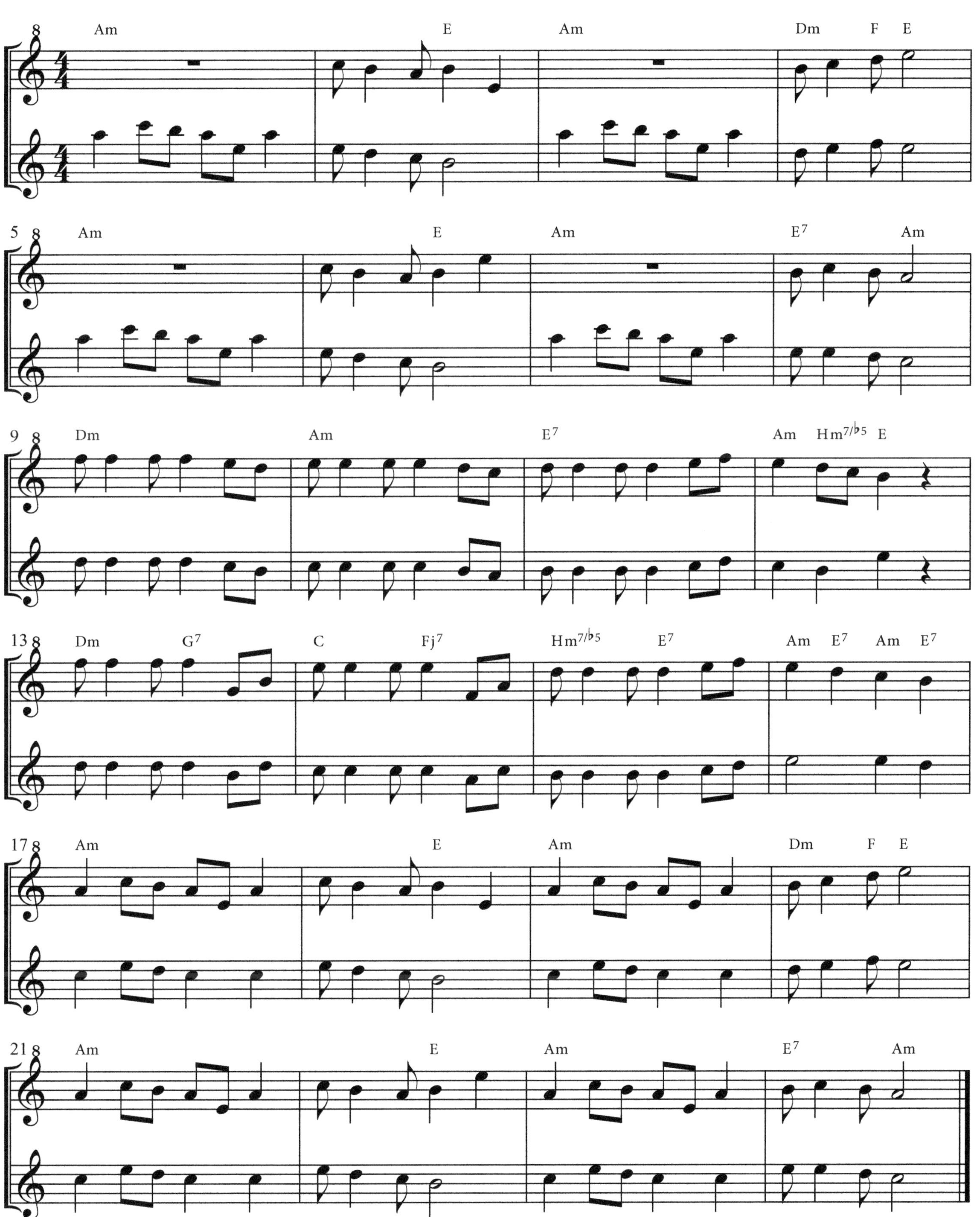

Tanzlied aus Flandern

Elias Nikolaus Ammerbach (1530–1597)
Bearb.: Barbara Ertl

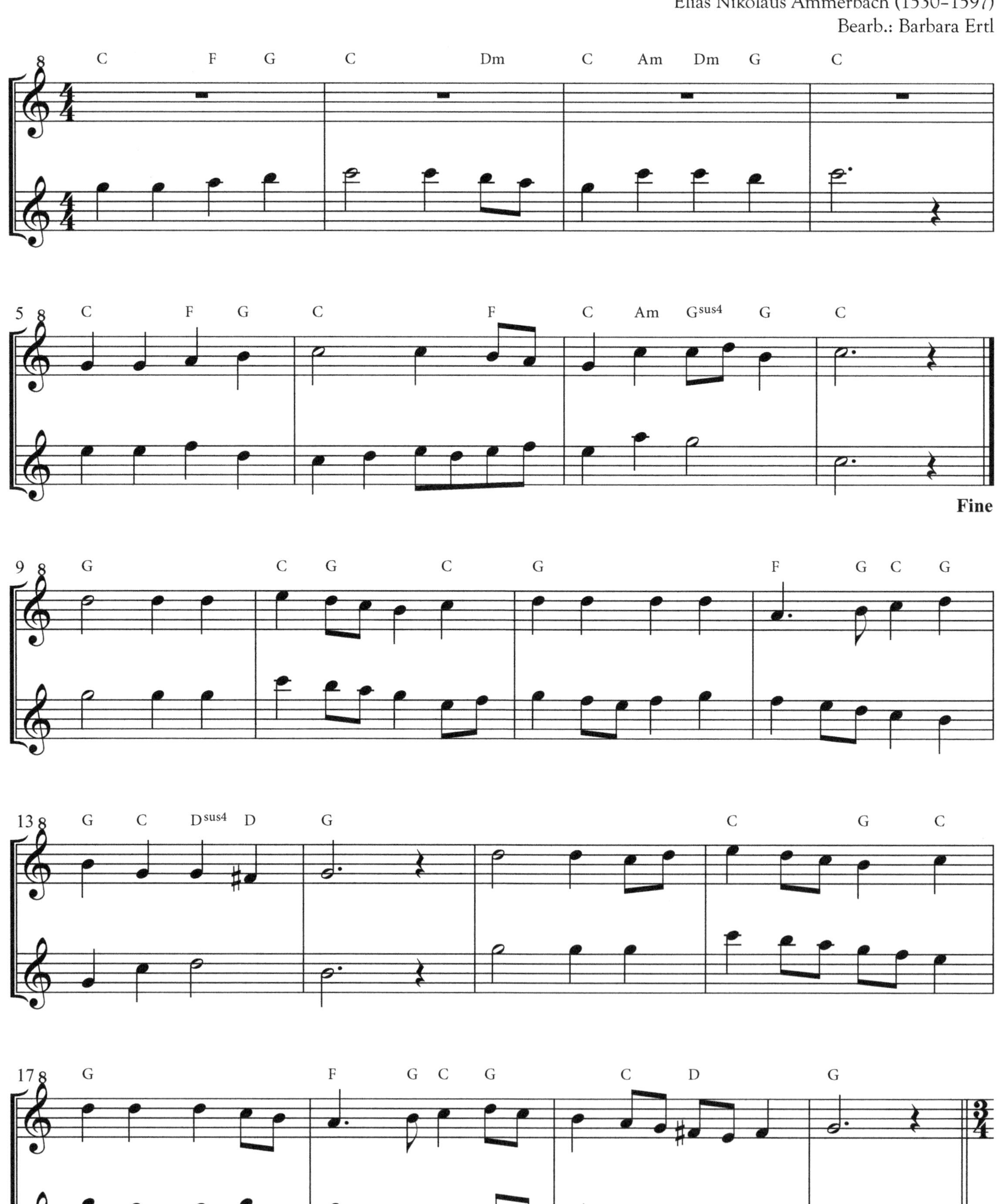

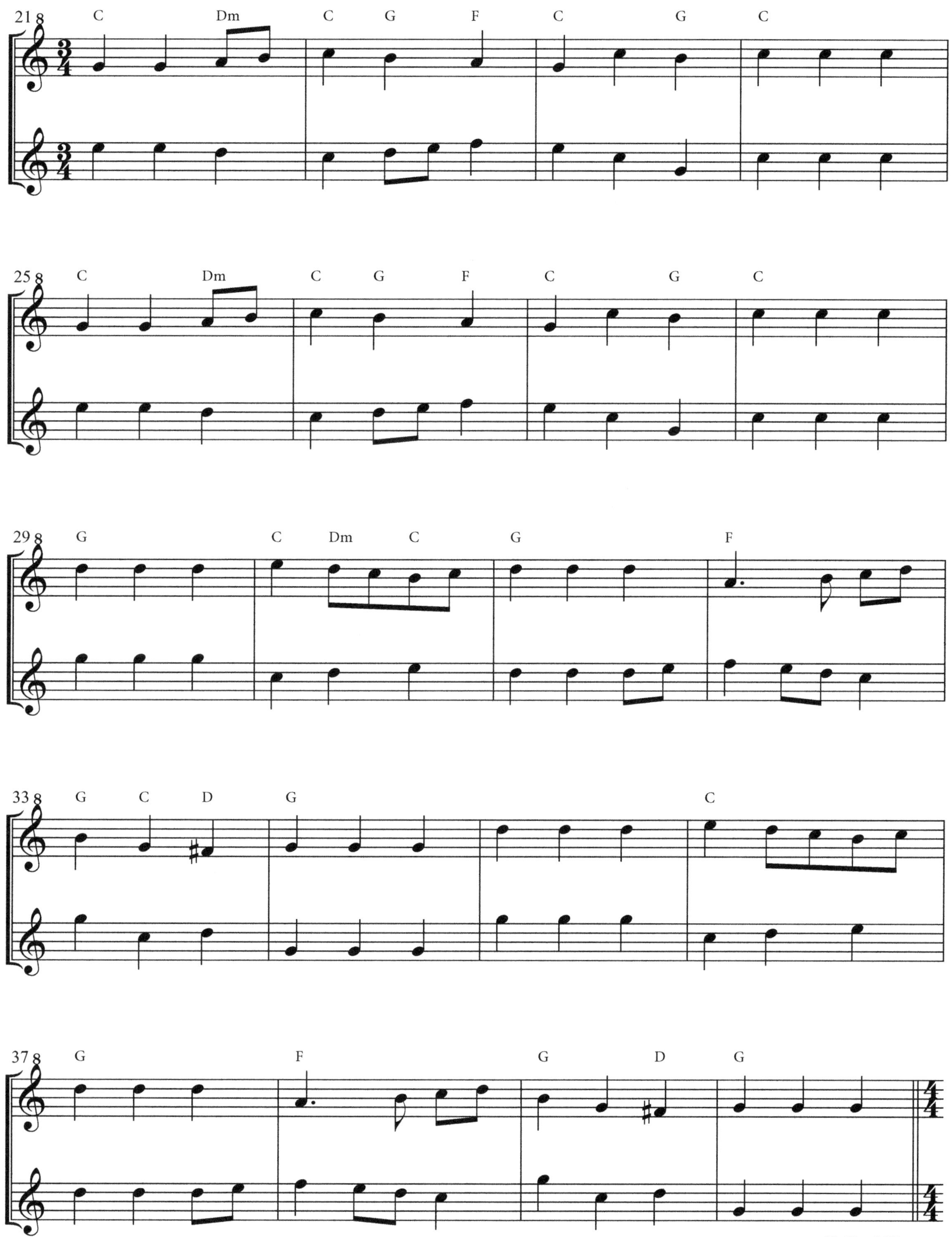
21
C
Dm
C
G
F
C
G
C
25
C
Dm
C
G
F
C
G
C
29
G
C
Dm
C
G
F
33
G
C
D
G
C
37
G
F
G
D
G
D.C. al Fine

Lord Inchiquin

aus Irland

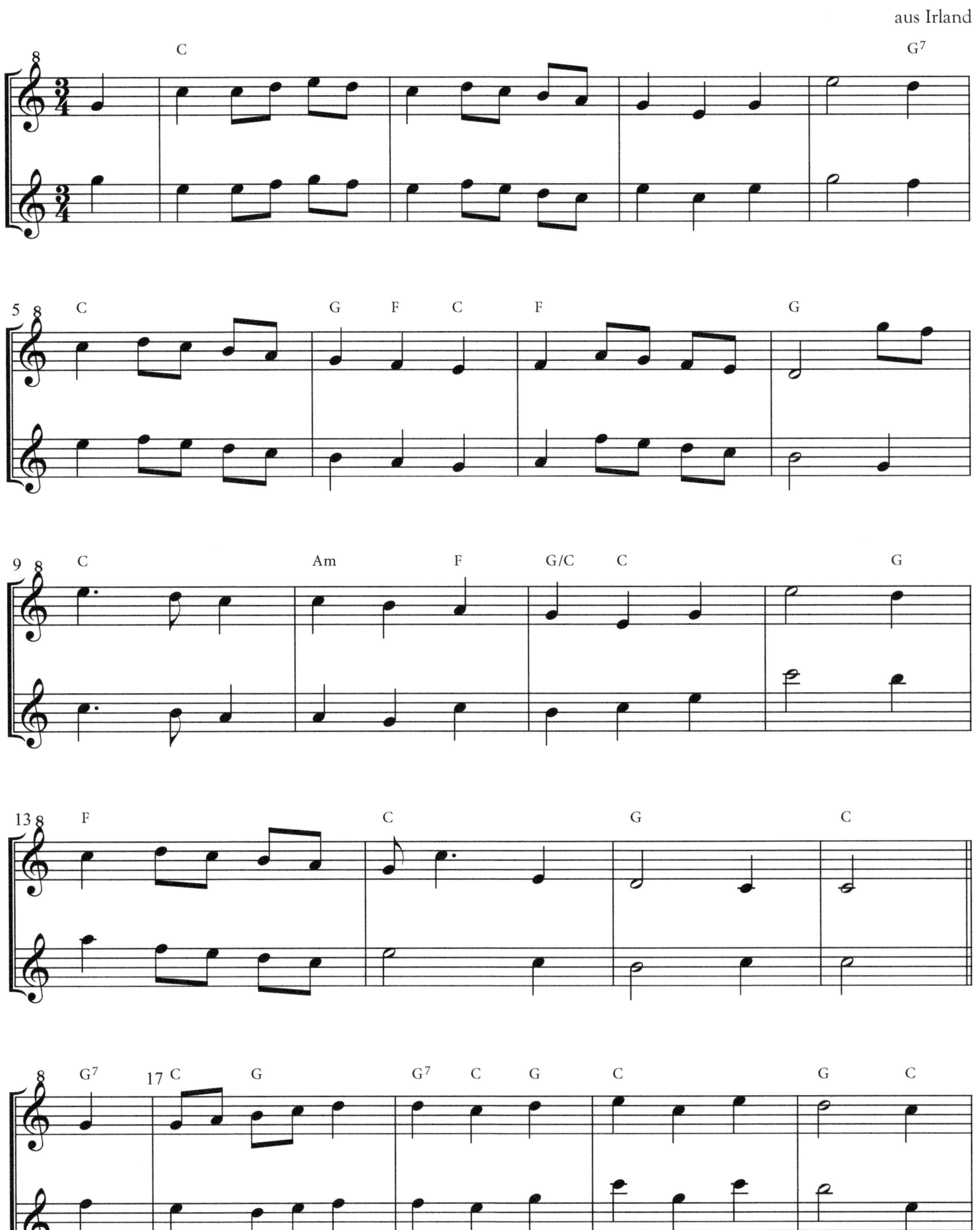

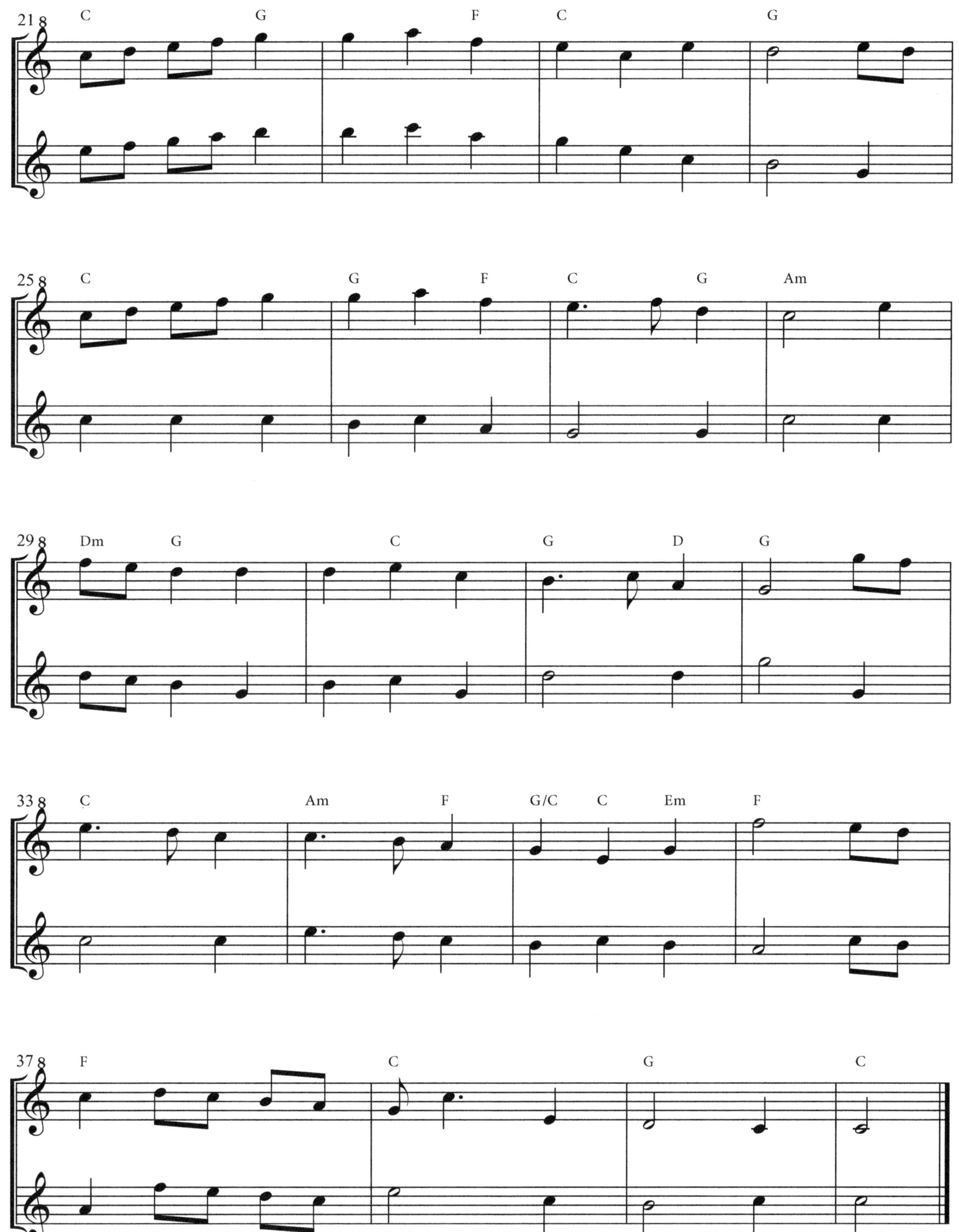

21
C G F C G
25
C G F C G Am
29
Dm G C G D G
33
C Am F G/C C Em F
37
F C G C

Funny

Barbara Ertl

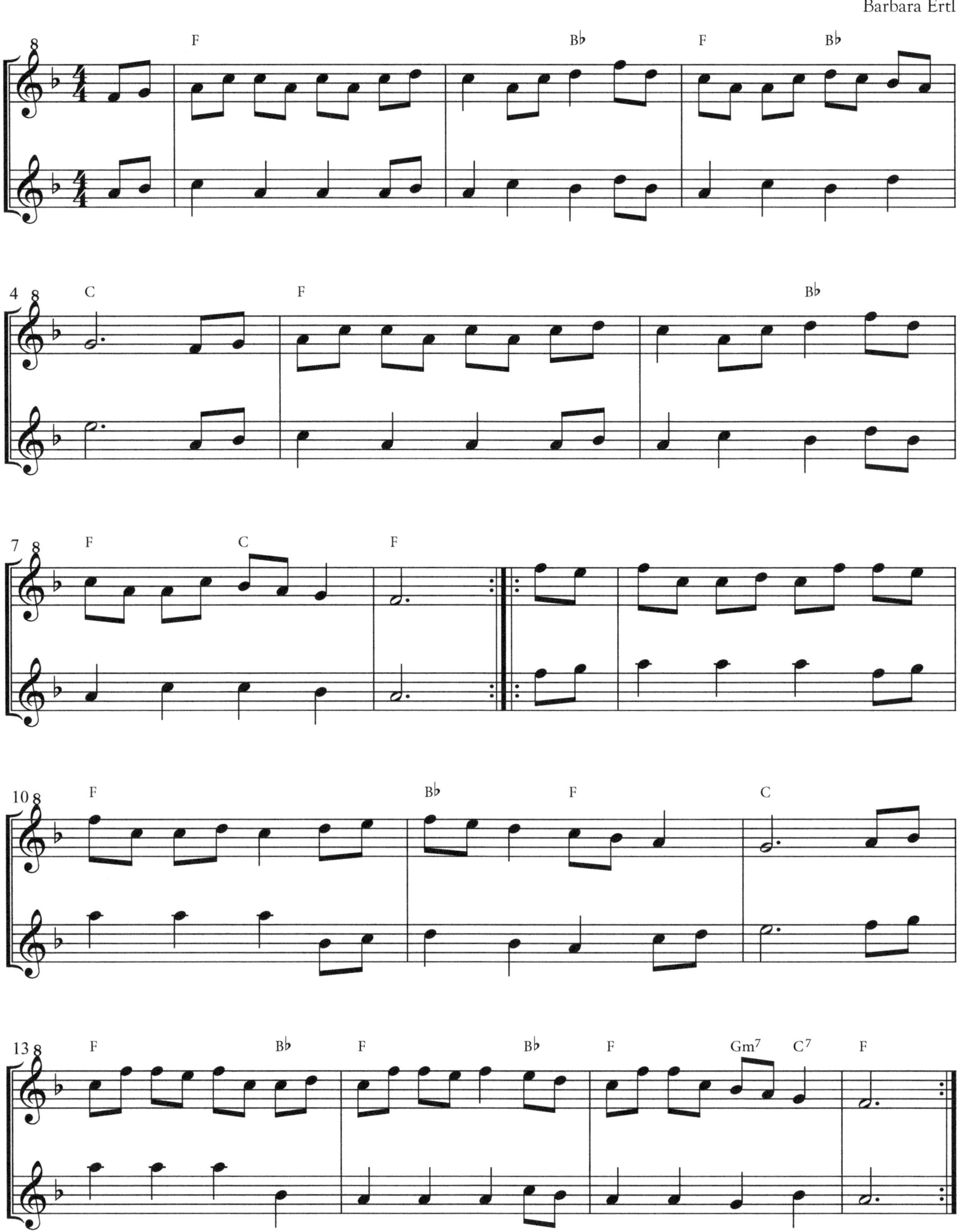

Down By The Salley Gardens

Herbert Hughes (1882–1937)

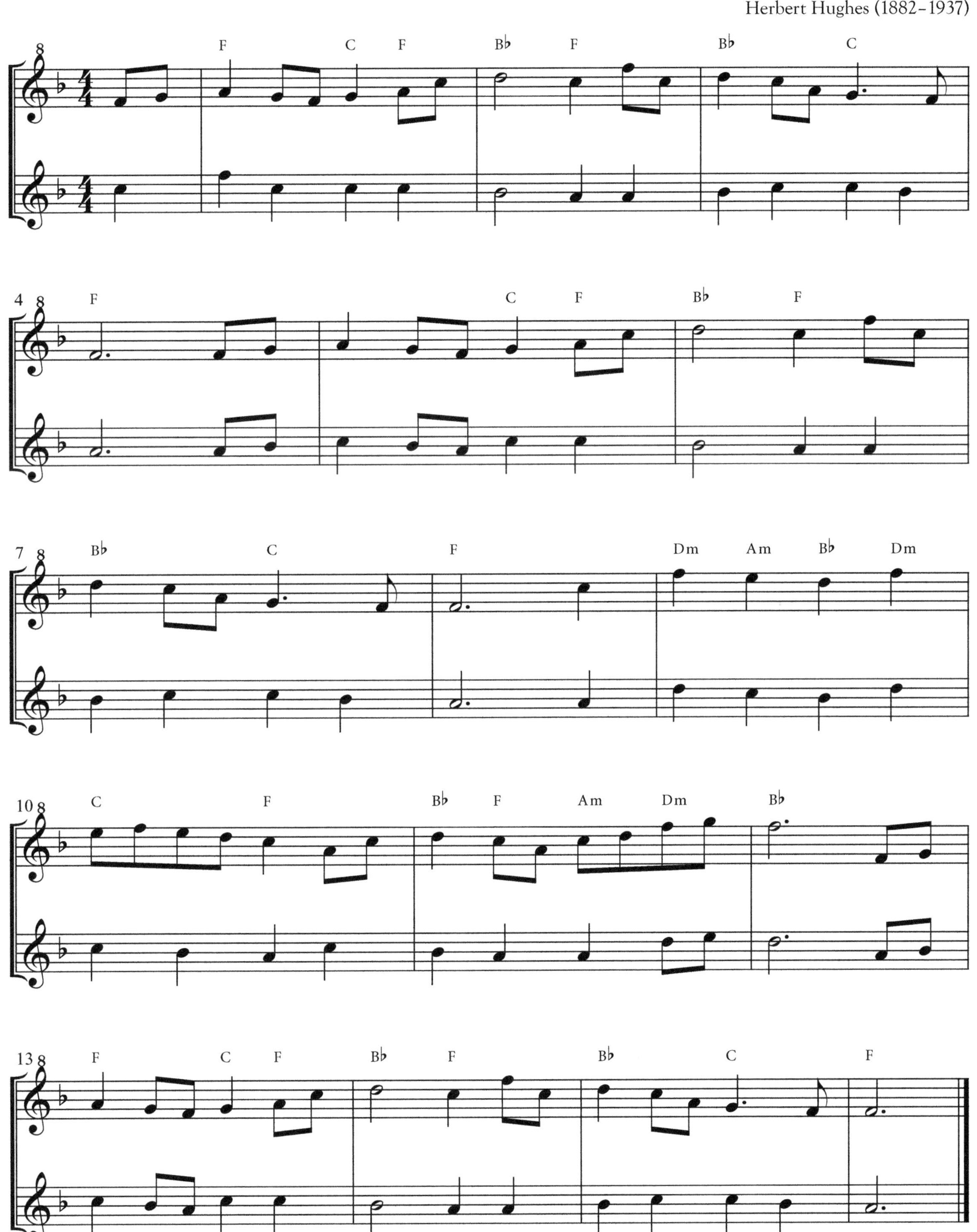

So oder so

Barbara Ertl

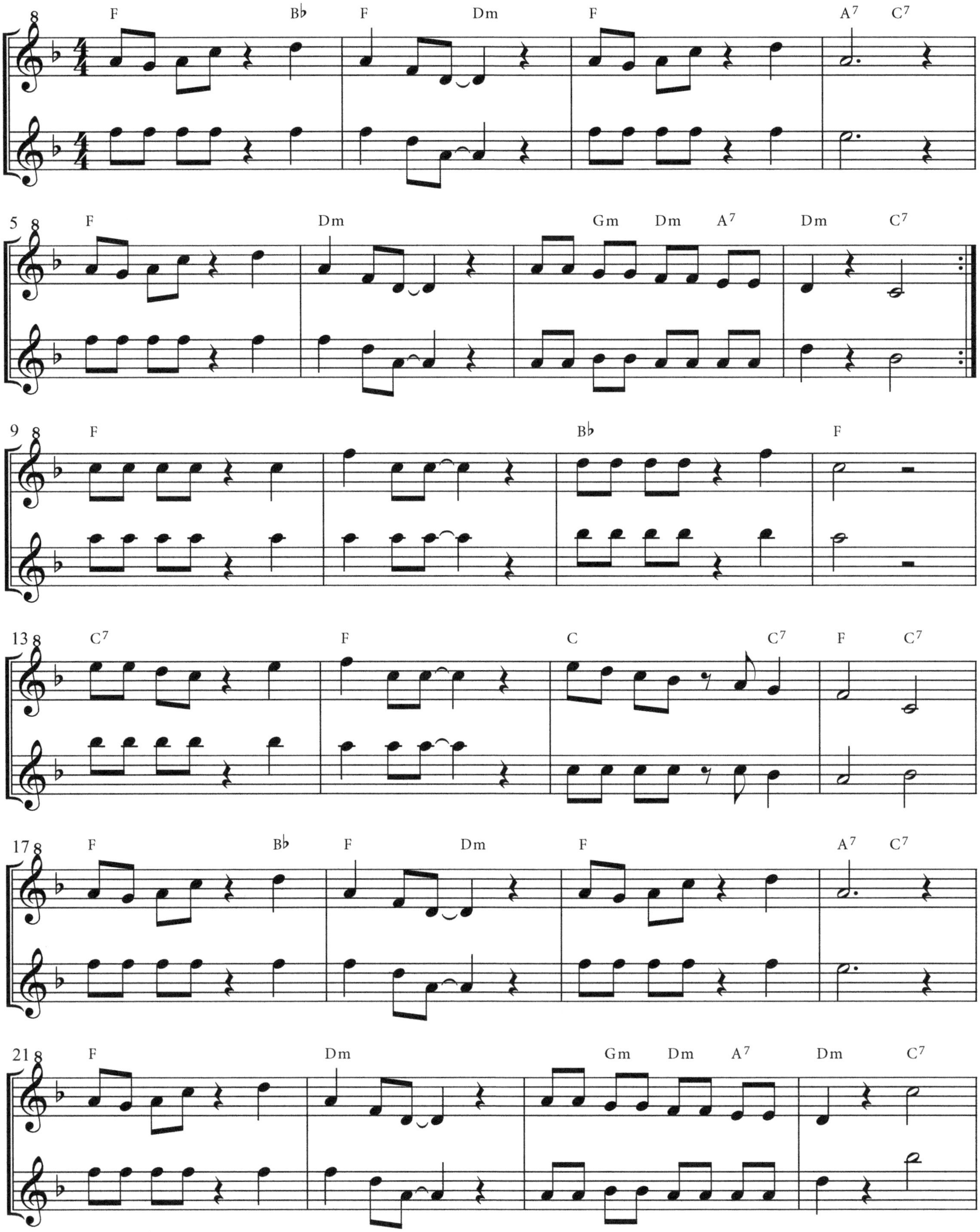

F Bb | F Dm | F | A7 C7

5 F | Dm | Gm Dm A7 | Dm C7

9 F | | Bb | F

13 C7 | F | C C7 | F C7

17 F Bb | F Dm | F | A7 C7

21 F | Dm | Gm Dm A7 | Dm C7

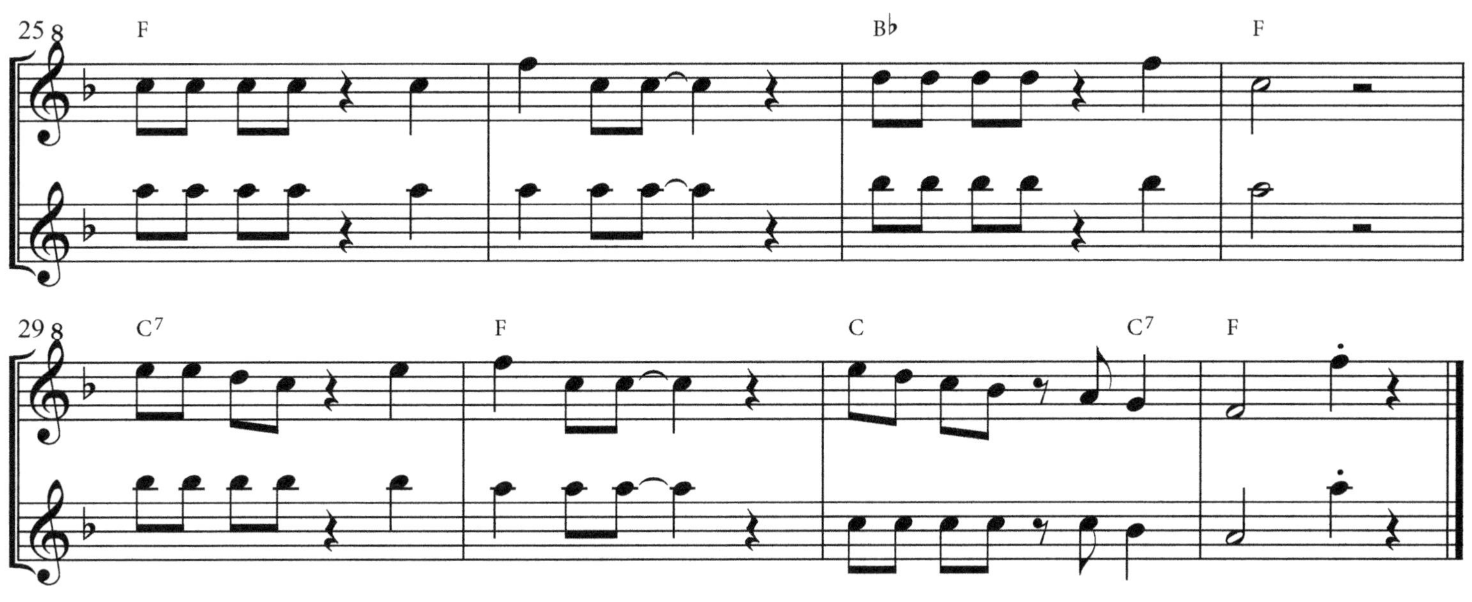

Minuet

aus einem Duettbuch um 1740

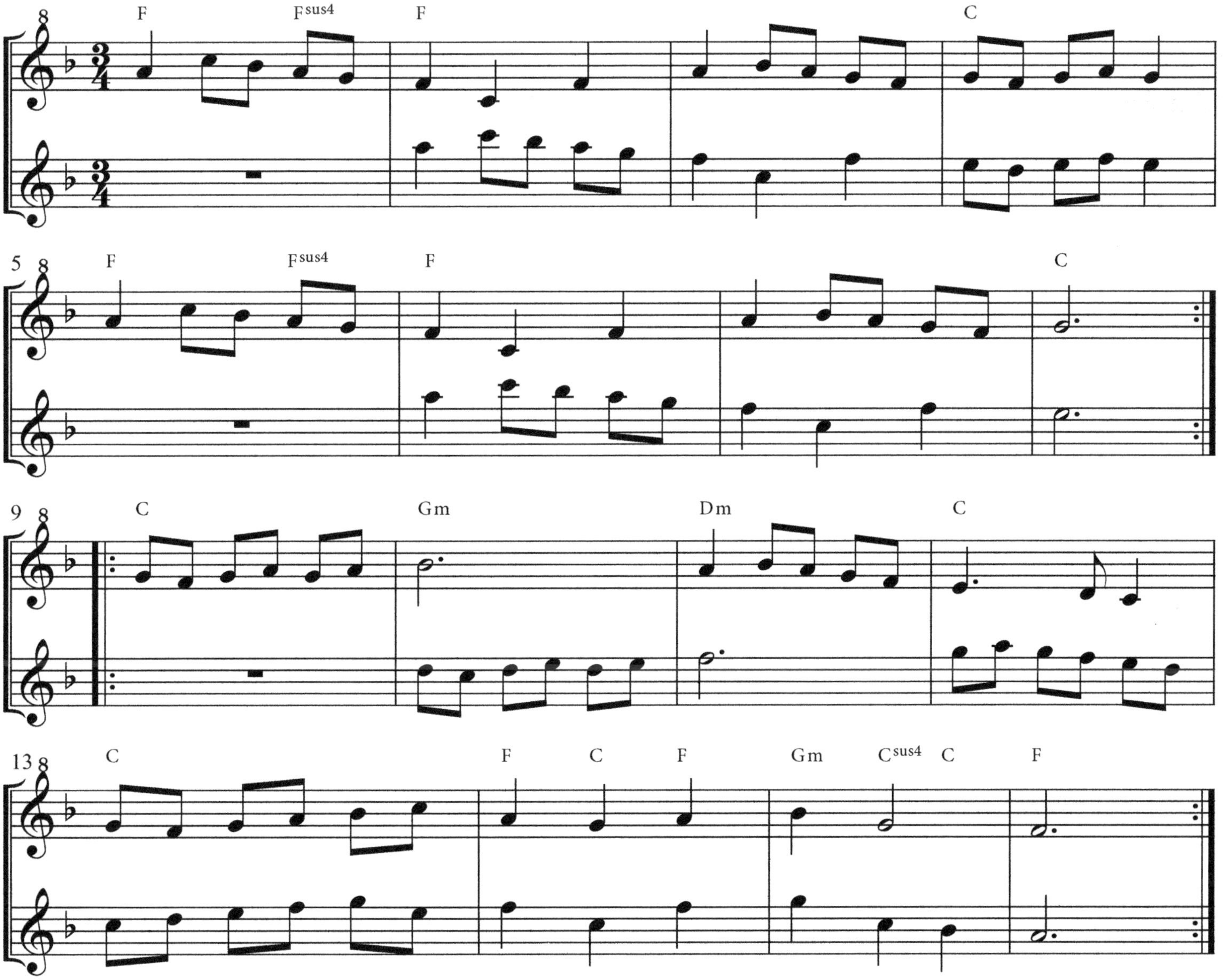

Old Black Joe

aus Amerika

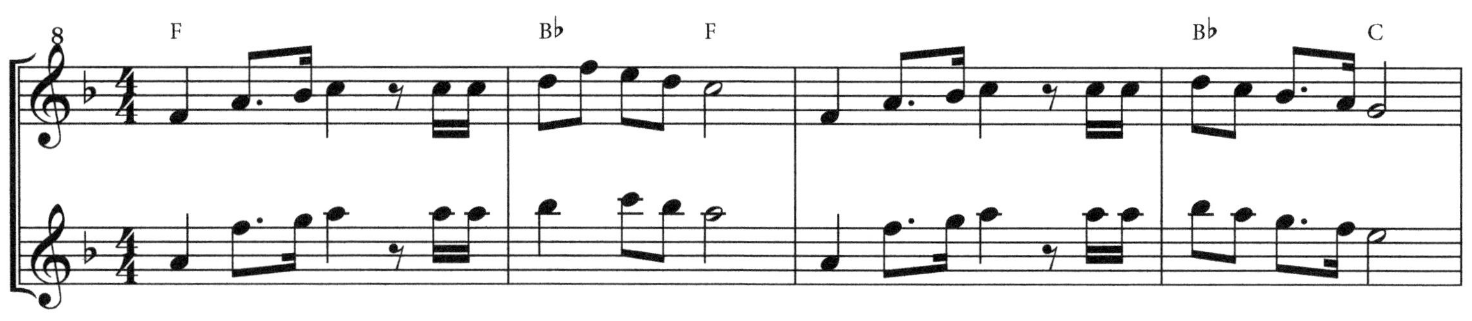

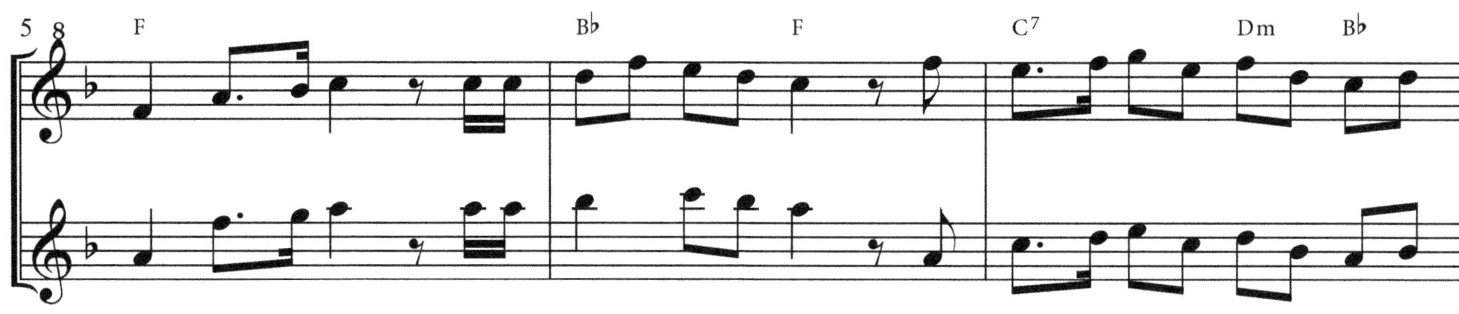

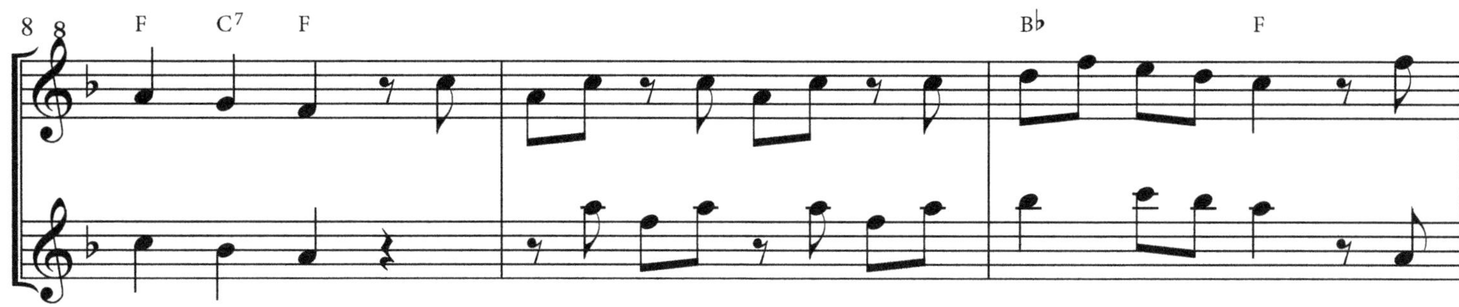

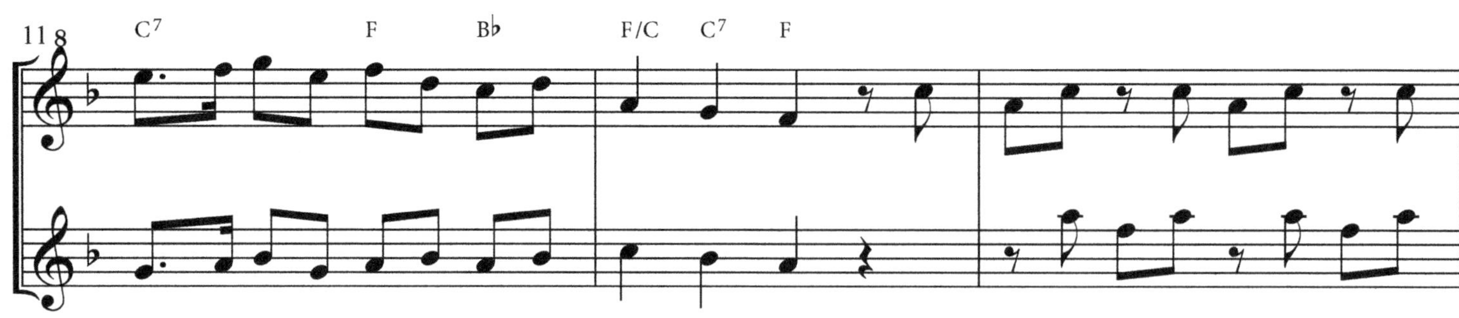

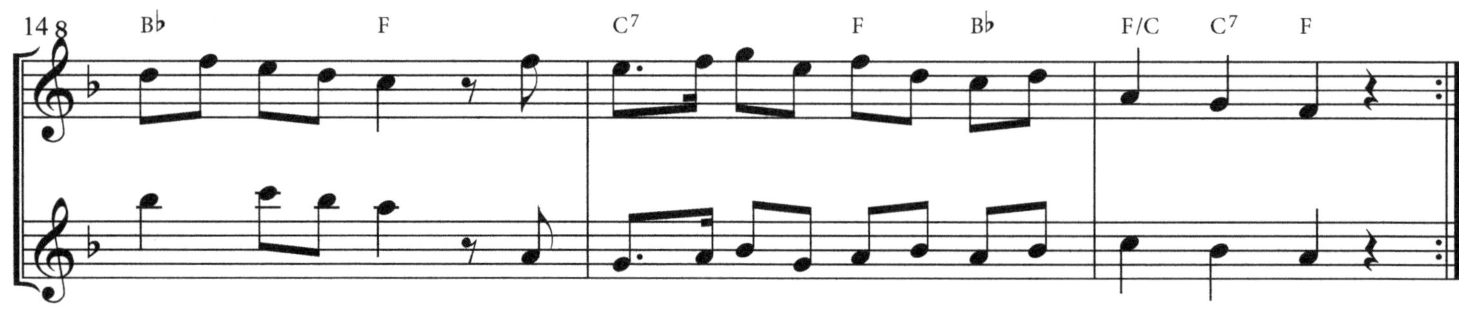

Brian Boru's March

aus Irland

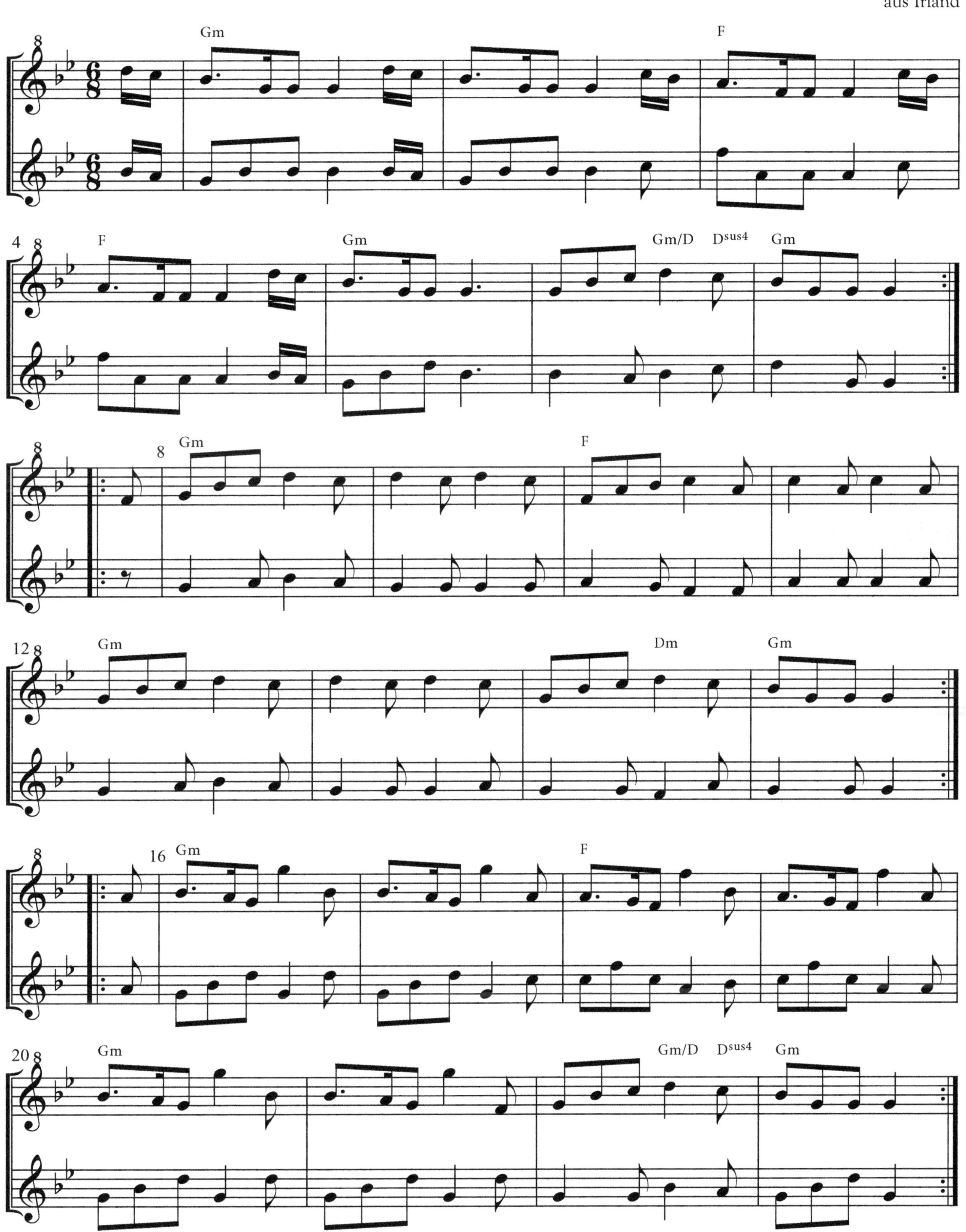

Bianco Fiore

Cesare Negri
(1535–1605)

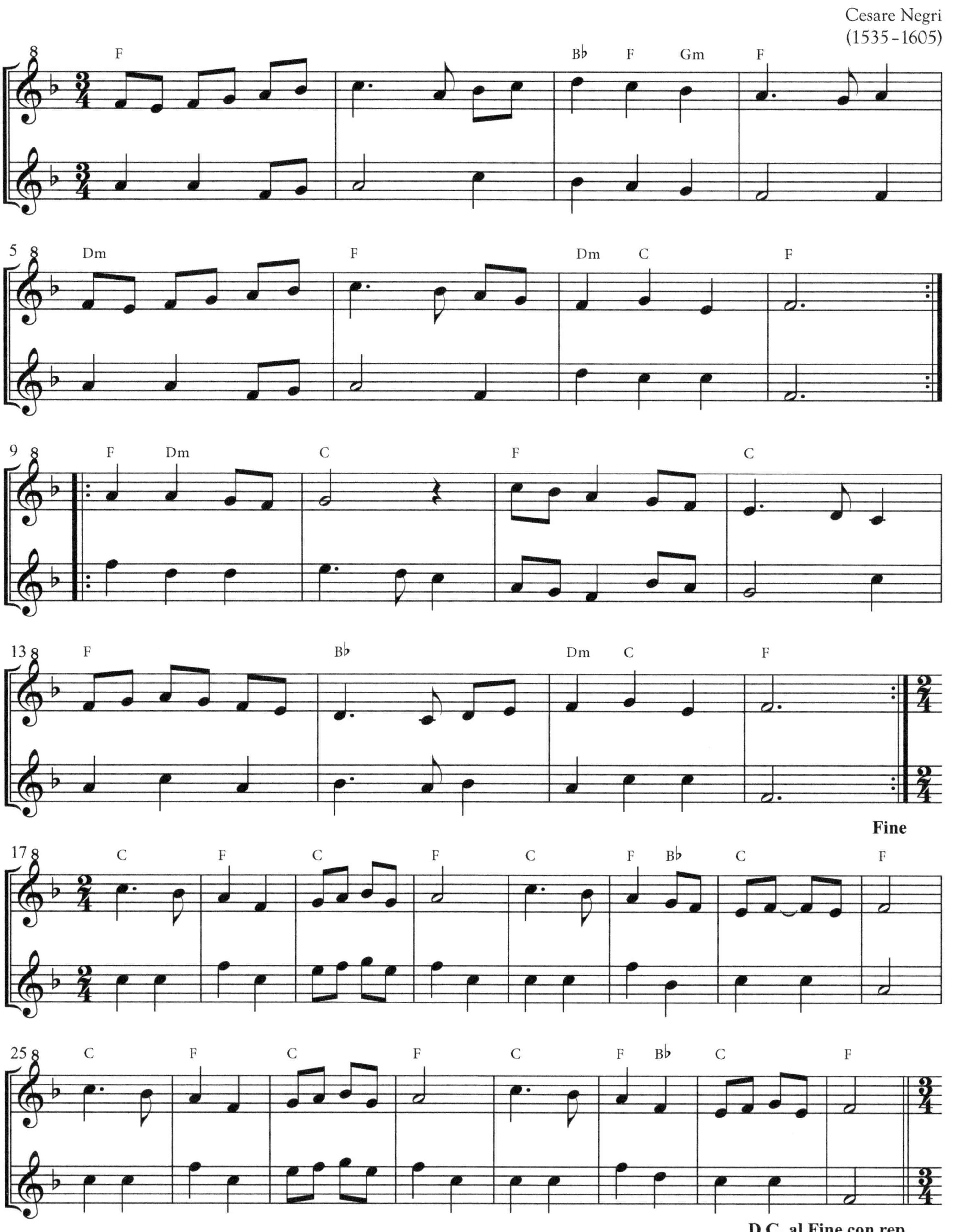